MARQUIS DE FOUDRAS

LA VÉNERIE CONTEMPORAINE

VENEURS
CHEVAUX ET CHIENS

PARIS
A. DEGORCE-CADOT, ÉDITEUR
9, RUE DE VERNEUIL, 9

LA
VÉNERIE CONTEMPORAINE

MARQUIS DE FOUDRAS

LA VÉNERIE

CONTEMPORAINE

VENEURS. — CHEVAUX. — CHIENS.

PARIS
A. DEGORCE-CADOT, Éditeur
9, RUE DE VERNEUIL, 9

LA VÉNERIE CONTEMPORAINE.

AVANT-PROPOS.

Le *Sport* a pris, dans la presse cynégétique de notre époque, une place dont l'importance n'est plus contestée par personne aujourd'hui ; et comme ses colonnes hospitalières me sont ouvertes à deux battants, l'idée m'est venue que ce serait une bonne et utile entreprise à tenter que de montrer à ses nombreux lecteurs, sous le titre de : *Histoire anecdotique de la Vénerie contemporaine*, quelques-unes des physionomies les plus vigoureusement accusées de certains hommes de chasse de notre siècle, dont la célébrité existe toujours ou n'est point encore complétement oubliée à l'heure où j'écris ces lignes.

L'histoire des peuples a eu ses investigateurs consciencieux ou passionnés; les diverses littératures leurs critiques ingénieux ou leurs hardis novateurs; les mœurs et les usages des différentes nations du globe leurs détracteurs ou leurs apologistes; pourquoi la vénerie, qui peut s'honorer à bon droit d'avoir produit, depuis les premiers temps de la monarchie, des hommes de science dont les œuvres sont encore consultées aujourd'hui, n'aurait-elle pas aussi ses chroniqueurs, Commines et Froissart au petit pied, et ses annales, sorte de livre *d'or* de la noblesse de chasse, où seraient inscrits, sous une forme simple et facile à retenir, les hauts faits de ceux de ses adeptes qui ont bien mérité de saint Hubert? C'est en racontant les grandes choses accomplies dans le passé que l'on prépare l'éclosion des passions généreuses et des nobles sentiments dans l'âme des générations futures. Les beaux exemples sont le germe des belles actions : vérité qui n'est guère moins vieille que le monde, et qu'on peut tout aussi bien appliquer au goût élevé de la chasse qu'à l'amour de la gloire, cette source féconde des vertus publiques.

Il y aura tout naturellement plus de fantaisie que d'ordre, et plus d'imprévu que d'arrangement dans le travail que je vais entreprendre, ou plutôt continuer, car j'ai déjà effleuré ce sujet dans d'autres recueils[1]. Je n'ai ni plan arrêté à l'avance, ni notes laborieusement réunies et soigneusement conservées, mais tout bonnement de chers et nombreux souvenirs, souvent évoqués dans ces instants de tristesse où l'homme a besoin de revoir son passé pour croire qu'il existe encore du bonheur sur la terre. Or, il n'y a personne qui ne sache que les souvenirs, enfants perdus et vagabonds des temps écoulés, sont capricieux comme l'imagination qu'ils habitent et qui ne les reproduit qu'à ses heures. Il arrivera donc très-probablement, et j'en avertis d'avance le lecteur, qu'au portrait chaleureusement coloré d'un veneur vivant encore, ou au récit animé d'une récente aventure de chasse, succédera plus d'une fois soit l'esquisse légère du profil d'un veneur couché depuis de longues années dans sa tombe, soit la relation rapide d'un hallali mémorable ou d'un déplacement joyeux, l'un et l'autre déjà un peu oubliés. Cette méthode, qui n'en est pas une, pourra peut-être déplaire aux pédants, toujours amoureux de la régularité avant tout; mais si elle amuse les gens d'esprit, et si surtout elle stimule le zèle des apathiques, j'aurai atteint mon but, qui est d'intéresser le plus grand nombre. Au surplus, quand il s'agit d'une de

1. *Les Gentilshommes chasseurs*, les *Veillées de saint Hubert* et *les Hommes des bois*.

ces œuvres littéraires qui ne prétendent pas à l'honneur de vivre dans la postérité, il n'est point absolument impossible que ce que l'on perd en belle ordonnance dans l'ensemble, on le regagne en variété dans les détails. Pour tuer beaucoup de gibier et chasser avec agrément, il faut battre à l'aventure un vaste pays, aller, venir, repasser sur le terrain déjà parcouru, percer du regard chaque buisson, toucher du pied chaque brin d'herbe, en un mot se garder autant que de *malemort* de marcher droit devant soi, comme un géomètre qui lève un plan. Ainsi ferai-je, mes chers lecteurs; et maintenant que vous êtes avertis deux fois pour une, je vais me mettre à la besogne au hasard de ma mémoire.

I

M. MAREY-GASSENDI

ET SON PIQUEUR LA PLUME.

I

Peu de carrières cynégétiques ont été mieux remplies que celle du premier des deux personnages dont les noms figurent en tête de ce début, et cependant M. Marey-Gassendi, semblable en cela à beaucoup d'hommes de mérite qui ont dédaigné le secours du charlatanisme, ne jouit pas comme veneur d'une de ces grandes renommées qui s'étendent au loin et font surtout du bruit où elles ne sont connues que par ouï-dire. Il n'a jamais, que je sache du moins, appartenu à aucune société *chassante*; nul journal, à son instigation, n'a encore embouché la trompette pour raconter aux badauds qu'il s'en était allé de l'autre côté du détroit chercher des chiens et des chevaux comme personne n'en possède en France; et enfin ses plus belles *expéditions*, accomplies sans fracas et presque à la sourdine, ont été souvent ignorées même de ses plus proches voisins et de ses meilleurs amis. C'était, en fait de chasse, un voluptueux plutôt qu'un glorieux, car il aimait le plaisir pour le plaisir lui-même, et non pour le profit que peut en retirer cette misère de la nature humaine qu'on appelle la vanité. Ceci est déjà rare dans le temps où nous vivons : bien des choses le sembleront encore davantage dans ce qui va suivre.

Ce n'est que dans l'automne de 1830 que j'ai vu M. Marey-Gassendi pour la première fois, bien que nos habitations fussent séparées l'une de l'autre par une distance de cinq lieues seulement; mais à partir de cette époque, nous sommes restés en relations suivies et cordiales jusqu'à celle où j'ai quitté la Bourgogne, notre pays commun. Je lui avais vendu quatre chiens de lièvre excellents, et peu de temps après, il me fit la gracieuseté de m'envoyer, pour quelques jours, sa meute dont j'avais beaucoup entendu parler et avec laquelle je désirais vivement faire connaissance en rase campagne. Plus tard, il eut la bonté de venir lui-même; nous nous mîmes sur le pied d'échanger d'assez fréquentes visites, qui duraient parfois quarante-huit heures, et c'est alors que je pus l'étudier de près et commencer à l'apprécier à toute sa valeur, et comme voisin parfaitement aimable, et comme veneur de premier ordre.

C'était un homme d'une taille un peu au-dessous de la moyenne, mais robuste et bien prise, et d'une physionomie douce, avenante et fine, qui révélait bien plus au premier abord le gentleman de salon accompli que le rude coureur de bois, accoutumé à vivre avec des demi-sauvages. Sa conversation avait l'aménité spirituelle de son visage, et son organe la douceur de son caractère. Il parlait peu de chasse, sans doute parce qu'il savait parler d'autre chose, et ce n'était guère que sur le terrain et dans la chaleur de l'action que se montraient sa passion pour le noble *déduit* de saint Hubert et sa profonde science comme maître d'équipage. Aucun des veneurs que j'ai connus, et dans le cours de ma vie il m'a été donné de serrer la main à beaucoup, ne m'a paru ni plus courtois dans ses manières ni plus facilement gracieux dans ses procédés. Tout lui convenait; il ne trouvait jamais de difficultés à l'exécution des projets conçus par d'autres que lui, et il était aisé de voir que le plaisir de ses compagnons tenait toujours une large place dans celui qu'il éprouvait lui-même.

Marcheur infatigable, M. Marey suivait et servait sa meute à pied dans toutes les saisons de l'année et quel que fût l'animal mis debout. Quand il chassait le lièvre, que jamais personne en France ne chassera mieux que lui, il ne portait qu'un fouet et une petite corne suspendue à un cordon de soie, l'un et l'autre croisés sur sa veste de drap gros vert; et qui l'aurait rencontré sans ses chiens à travers la campagne, accoutré de la sorte, avec ses longues guêtres de cuir et son chapeau gris à larges ailes, n'eût certainement pas reconnu en lui un des plus persévérants et des plus fins veneurs de notre temps. Le bouton *mirobolant*, orné d'un cavalier qui franchit une haie ou d'un sanglier qui fait tête aux chiens, acculé dans un buisson; la grande trompe en sautoir, dont se parent si volontiers tant de beaux fils de vénerie, bien que très-peu sachent s'en servir, et le couteau de chasse à la poignée curieusement ciselée, mais à la lame presque toujours innocente, n'avaient aucun attrait pour mon modeste héros, qui n'aimait que la simplicité en toutes choses. Il méprisait ou ignorait, — je pencherai pour cette seconde supposition, car il était doué de trop de bienveillance d'esprit et de cœur pour mépriser même le ridicule, — il ignorait, dis-je, ce charlatanisme de la mise en scène qui n'est que trop souvent l'unique mérite d'un grand nombre de faux disciples de saint Hubert. Il n'était pas homme non plus à traverser bruyamment une ville ou un village, dans l'unique but d'attirer les habitants sur leurs portes ou à leurs fenêtres, afin de leur exhiber ensuite à grands renforts de fanfares le sanglier ou le chevreuil forcé par sa meute et porté, suspendu à un baliveau, sur les épaules de son piqueur et de son valet de chiens. Il se serait plutôt détourné de sa route pour dérober son triomphe aux regards des curieux: on reconnaît les passions vraies aux soins qu'elles prennent pour s'entourer de mystère.

M. Marey n'était pas moins bon chasseur en plaine qu'au bois, au chien d'arrêt qu'aux chiens courants, et soit qu'il tirât un sanglier à balle franche dans la forêt de Borne, soit qu'il envoyât son plomb n° 6 à une perdrix rouge ou à une bécasse dans les boqueteaux des collines sous lesquelles s'abrite la petite ville de Nuits, son coup de fusil était également sûr. Aussi partageait-il, il y a une trentaine d'années, avec MM. de Changey et Charles Jacquinot, l'honneur de passer pour un des meilleurs tireurs du département de la Côte-d'Or. Il possédait une race de chiens couchants d'élite, et il en faisait un aussi excellent usage que de sa meute, dont je parlerai tout à l'heure. En 1833, j'ai eu de lui une certaine Myrrha qui a joui d'une très-belle réputation et laissé des enfants d'un rare mérite.

Après le maître, le serviteur : parlons maintenant du piqueur la Plume.

C'était son nom de guerre ou plutôt son nom de chasse, car sa famille portait celui de Simonnot.

Comme presque tous les piqueurs de grand renom, il était fils de bûcheron ou de sabotier, je ne sais plus au juste lequel, mais ce dont je suis sûr, c'est qu'il avait passé toute sa jeunesse à s'ébaudir dans la forêt de Cîteaux, les pieds nus et une serpe à la main. — C'est précisément ainsi qu'avait commencé, un demi-siècle auparavant, le célèbre Denis, ramassé par mon père dans les bois de la Ferté. — Quoique vigoureux comme un vieux loup, la Plume tenait moins de l'homme que du sylphe. Toute sa personne, menue de la racine des cheveux jusqu'à l'extrémité des orteils, se composait de deux longues jambes fluettes, surmontées d'une petite tête d'oiseau dans laquelle brillaient deux yeux, dont l'un, le droit, louchait constamment, tandis que l'autre, toujours à demi fermé, avait l'air de viser un objet quelconque. Le milieu de son visage, en lame de couteau, était occupé par un grand nez mince, pointu et de forme bizarre, qui descendait en virgule sur sa bouche largement fendue et peu fournie de dents. C'était un type de physionomie espagnol ou basque plutôt que français; et maître la Plume possédait en outre la prodigieuse agilité de corps et la puissante longueur d'haleine qu'on attribue avec raison aux individus mâles de ces peuples. Il pouvait courir une journée entière sans s'essouffler, comme ces fameux zagals des diligences de Bayonne à Madrid qui gambadent sans effort à côté et souvent en avant de leurs six mules lancées au galop, pendant un relais de huit à dix lieues, presque toujours dans des montagnes à pic. Ce brisement dans les membres et ces douleurs sourdes dans la poitrine, que nous appelons la fatigue, étaient des sensations tout à fait inconnues pour lui, et je crois qu'on en aurait pu dire autant de la faim et de la soif, ces deux tyrans sans pitié des organisations incomplètes. Bien que la nature l'eût doué d'un excellent caractère et d'une humeur égale, il parlait peu et ne riait presque jamais, notable ressemblance de plus avec les races silencieuses et graves qui vivent au delà des Pyrénées. Cependant il avait conservé du vrai Bourguignon de souche primitive, la franchise, la bonhomie, l'amour du jus de la treille et l'esprit railleur dans l'occasion ; seulement ses coups de langue étaient toujours formulés en deux mots, comme les épigrammes des maîtres.

J'ai dit que la Plume était tout à la fois agile et vigoureux, ce qui signifie qu'il avait du train et du fond : je vais maintenant raconter à ce sujet une petite anecdote qui ne laissera aucun doute dans l'esprit de mes lecteurs.

Au mois de novembre 1836, la société Rallie-Bourgogne, peu nombreuse encore à cette époque, mais déjà pleine d'ardeur et composée de veneurs d'élite, faisait la Saint-Hubert chez le comte d'Archiac, au château d'Argilly. Le marquis de Mac-Mahon, notre président, avait amené son piqueur Racot et sa meute de soixante-dix à quatre-vingts chiens anglais, véritables enragés qui auraient traversé toute la province en un jour à la poursuite de n'importe quoi, pourvu qu'il n'y eût pas *d'affront*, comme disent les soldats. Nous étions à peu près certains de chasser trois ou quatre grands sangliers qui avaient pris domicile dans la forêt de Cîteaux, depuis que les glands commençaient à tomber des chênes et à joncher le sol.

Le château d'Argilly n'est situé qu'à une distance de quelques kilomètres de l'habitation de M. Marey-Gassendi, de sorte que, tout naturellement, cet excellent veneur avait été convié à être des nôtres, et de plus prié de se faire accompagner dans cette circonstance de la Plume, afin que les valets de limiers du noble marquis eussent un auxiliaire digne d'eux.

Au rapport du lendemain, ce fut lui qui avait le buisson le plus sûr et le mieux situé, et l'animal dont on devait attendre la plus longue refuite et la plus belle défense, car il était plus nouveau que les autres dans le pays, et ses voies de la veille annonçaient qu'il venait de loin et qu'il était vagabond de sa nature.

Dès que la meute du marquis, qui, de même que nous, jeûnait de sangliers depuis la fin de la campagne précédente, eut été découplée, elle se précipita comme un torrent furieux vers la bauge de l'animal détourné qui, contre notre attente, décampa avec autant de facilité qu'un lapin, sans avoir fait tête pendant cinq minutes. Il franchit, plus rapide qu'un train express, trois ou quatre des plus grandes ventes de la forêt de Cîteaux, revint sur ses pas plus vite encore, gagna les bois de Borne, après avoir traversé la petite plaine d'Argilly, s'en alla faire une pointe du côté de l'Abergement, comme s'il voulait passer à la nage la Saône qui était sortie de son lit, et revint encore dans Cîteaux, où il commença à houspiller les chiens. Telle fut la première phase de la chasse : elle dura environ deux heures et demie, à une allure vraiment insensée, par une pluie battante mêlée de neige, et dans un terrain argileux, profondément détrempé.

Il va sans dire que les fondateurs de Rallie-Bourgogne étaient tous à cheval pour suivre cette chasse endiablée ; ainsi il ne me reste plus qu'à apprendre à cet égard à mes lecteurs que nos montures étaient de vaillantes bêtes de demi-sang qui, pour la plupart du moins, avaient déjà fait leurs preuves de vigueur et de vitesse dans les bois difficiles de l'Autunois et du Morvan. Je ne crains donc pas de trouver beaucoup d'incrédules quand j'aurai ajouté que, grâce aux efforts de ces nobles animaux, nous pûmes toujours serrer la chasse de près pendant la longue tournée dont je viens de parler, si bien que, quand elle rentra pour la seconde fois dans les grandes ventes de Cîteaux, aucun de nous n'était resté en arrière.

Mais ce que l'on aura peut-être de la peine à croire, c'est que maître la Plume, sans autre secours que celui de ses deux jambes grêles, s'était constamment maintenu au beau milieu de la meute du marquis et par conséquent à quelques pas en avant de ceux d'entre nous qui tenaient la tête des veneurs. Brandissant dans sa main droite une petite baguette de coudrier dont l'écorce était découpée en spirale de manière à figurer un ruban vert sur un fond blanc, il bondissait comme un lévrier dans les jeunes tailles, se glissait plus insaisissable qu'un rayon sous les gaulis épais, et vous franchissait en deux bonds les routes les plus larges, avec la légèreté fantastique d'un chevreuil qui vient d'être lancé. Comme nous ne l'avions, nous autres cavaliers, presque jamais perdu de vue, pendant cette promenade homérique, nous étions tous dans l'ébahissement de son agilité et de sa vigueur, et cependant nous n'avions eu encore qu'un échantillon très-imparfait de ce qu'il était réellement capable de faire.

II

Donc, notre sanglier, après nous avoir promenés tambour battant, d'une forêt à l'autre, pendant deux heures et demie, était revenu dans les bois où nous l'avions lancé, et là il s'était enfin résolu à essayer de se débarrasser des chiens d'une autre manière, c'est-à-dire en leur exhibant sa formidable hure, au lieu de continuer à leur montrer sa croupe, comme il avait fait depuis le commencement de la chasse.

Mais le drôle avait affaire à des gaillards que l'on n'intimidait pas plus aisément en les provoquant à la lutte qu'en les défiant à la course. Appuyée par les fanfares répétées de Racot et de la Jeunesse, et encouragée par les cris incessants de la Plume, dont la voix perçante avait, dans ces occasions-là, le don de stimuler les combattants comme le clairon des batailles, la meute se rua avec un merveilleux ensemble et un prodigieux élan sur son terrible adversaire. Elle l'étourdit d'abord par la vigoureuse spontanéité de son attaque, puis elle se mit à le harceler en détail, et elle fit si bien, qu'elle l'obligea, en quelques minutes, à fuir une seconde fois devant elle, pour tâcher de nouveau de la réduire à force de la fatiguer.

Il se mit donc à filer droit devant lui avec plus de rapidité encore que lors de sa première refuite. Arrivé, en moins d'une demi-heure, sur la lisière de la forêt de Cîteaux, dans la direction de l'est, il entra dans des terres labourées, et pendant un débucher de quatre mortelles lieues, il ne rencontra pas sur son chemin un bois, même d'un arpent, qui pût le dérober à notre vue. Il traversa ensuite dans toute sa longueur le village d'Écuelles, au grand effroi des habitants, qui le prenaient pour un ours, descendit une berge rapide formant la rive de la Saône, de ce côté, passa à la nage ce large cours d'eau et s'embarqua résolûment dans d'immenses prairies transformées pour le moment en lac qui s'étendait à perte de vue. On sait que la rivière était sortie de son lit.

Pendant qu'il la franchissait, ayant toujours la meute à ses trousses, aussi ardente qu'au début, nous fûmes obligés d'en remonter le cours pour gagner un bac qui se trouvait à trois quarts de lieues environ sur notre droite. Nous rejoignîmes ensuite la chasse dans les prairies inondées dont je viens de parler, et, à notre grande surprise, nous aperçûmes, au beau milieu des chiens, qui barbottaient ou nageaient suivant que l'eau était plus ou moins profonde, maître la Plume gambadant comme un triton, toujours sa petite baguette de coudrier à la main. Le hasard, qui sourit volontiers aux audacieux, l'avait conduit près d'une de ces barques de chasseurs de sauvagine qu'on appelle en Bourgogne des *arlequins*, et l'honnête braconnier, vieille connaissance de la Plume, à qui elle appartenait, s'était fait un plaisir de le transporter sur la rive opposée, où il était tout naturellement arrivé avant nous, puisque jusque-là il avait suivi aussi vite le débucher sur ses deux pieds, que nous sur nos chevaux.

La fin de ce débucher à travers tout un pays accidentellement converti en lac, est sans contredit une des plus belles et des plus étonnantes choses dont j'ai eu le spectacle pendant ma longue carrière de veneur. Aucun de nous n'avait jamais vu de chasse dans des conditions semblables, de sorte que nous étions, tout à la fois, enthousiasmés et surexcités par l'ardeur de notre poursuite, et émerveillés de la nouveauté du tableau que nous avions sous les yeux. Dans le large espace submergé, que nos regards ne pouvaient embrasser jusqu'à ses dernières limites, on ne découvrait, en fait de créatures vivantes et agissantes, que le sanglier, les chiens et les chasseurs. Ceux-ci, réunis en un seul groupe, afin d'être plus à même de se porter secours au besoin,— car cette course dans *l'humide élément,* comme dit l'immortel la Fontaine, offrait plus d'un genre de périls, — ceux-ci, dis-je, galopaient environnés d'une gerbe d'eau colossale qui jaillissait de dessous les pieds de leurs montures effrayées et belles de leur effroi. De loin, nous devions faire l'effet du bassin de Neptune, un jour de grande fête à Versailles. Comme l'inondation n'avait pas partout une profondeur égale, tantôt nous n'apercevions à la surface des flots agités par un violent vent d'ouest, que la hure du sanglier et les têtes des chiens qui nageaient derrière lui, et tantôt l'animal tout entier, alors serré de plus près par la meute naturellement beaucoup plus habituée à la course qu'à la nage. Il va sans dire que la Plume était toujours là et qu'il avait aussi sa petite gerbe, d'où l'on voyait sortir de temps en temps le bout de son nez ou l'extrémité de sa baguette de coudrier.

Le sanglier, à force de percer en avant, était enfin parvenu à rencontrer sur son chemin un bois situé à l'extrême limite des prairies, et bien que ce lieu de refuge fût partout couvert de deux à trois pieds d'eau, comme tout le reste de la contrée, l'animal, qui se sentait probablement au bout de ses forces, prit la résolution désespérée de n'en plus sortir. Nous eûmes alors un de ces drames de chasse émouvants et féconds en péripéties bizarres, qui sont une rare fortune même pour les veneurs à qui il a été donné de voir le plus d'hallalis extraordinaires dans leur vie, et dans ce drame, que je ne pourrai jamais oublier, la Plume joua le principal rôle. Malgré les obstacles sans nombre qu'offrait, à chaque instant et à chaque pas, un terrain transformé en marécage vraiment périlleux, notre homme ne cessa pas un seul moment de se maintenir au milieu des chiens, dont nous ne pouvions plus, nous autres cavaliers, approcher qu'avec mille difficultés. Ce ne fut que quand le sanglier commença à tenir sérieusement les abois, par impuissance de continuer plus longtemps tout autre système de défense, que l'intrépide piqueur revint près de nous, et, par un sentier qu'il avait découvert ou qu'il connaissait de longue date, nous conduisit jusque sur le champ de bataille. Là, le comte Joseph de Mac-Mahon, du haut de son cheval Fox, termina d'un coup de carabine cette superbe lutte dont la Plume avait été le véritable héros.

Un peu avant ce dénoûment, M. Marey, à pied comme son piqueur, nous avait rejoints pendant que notre animal se faisait battre dans le bois.

J' i choisi cet exemple de vigueur, de préférence à

beaucoup d'autres qui m'ont été contés par des gens dignes de foi, parce qu'il est le plus extraordinaire de ceux dont j'ai été personnellement témoin. De 1830 à 1837, j'ai fait au moins une vingtaine de chasses avec la Plume, et je n'ai pas remarqué une seule circonstance où son maître eût pu être dans le cas de regretter de n'avoir pas un piqueur à cheval comme dans les grands équipages. Le sien suffisait à tout, de même qu'il était propre à tout ce qui concernait son état. Il égalait les plus habiles dans l'art de faire le bois ; il saignait, médecinait et *oignait* sa meute, comme le meilleur vétérinaire, et pour dresser les chiens, soit courants soit couchants, il n'avait pas son pareil dans toute la province.

Les auxiliaires de ce piéton hors ligne étaient ses deux fils, qu'il avait façonnés à la chasse dès leur bas âge, comme l'on commence à faire rapporter un braque aussitôt qu'il répond à son nom. L'aîné, robuste gaillard de dix-huit à dix-neuf ans, marchait déjà d'un pas ferme sur les traces de son glorieux père, à l'époque où je les ai tous connus ; le cadet, jeune drôle à peine échappé des bancs de l'école, n'avait pas tardé à être le digne émule de son frère, bien que le ciel l'eût affligé de cette infirmité gênante et peu flatteuse à l'œil qu'on appelle vulgairement des *jambes en manches de veste*. Ce cagneux, taillé à la façon des bassets à genoux tors, courait comme un lévrier de bonne race. Je crois me souvenir qu'ils sonnaient assez bien de la trompe l'un et l'autre. Quant à leur père, il ne s'est jamais servi que d'un cornet, à l'imitation de son maître.

C'est chez M. Ligeret, un autre excellent veneur de la Côte-d'Or, que la Plume a reçu son éducation première de chasseur, et, pendant le camp de Dijon, vers le milieu de l'automne de 1815, il a eu l'honneur de faire tuer au prince impérial d'Autriche, qui est devenu, depuis, l'empereur Ferdinand, son premier lièvre dans le parc d'Arcelot. Plus tard, notre homme entra au service de M. de Changey, encore une notabilité de la haute vénerie bourguignonne dont je vous parlerai certainement quelque jour. M. de Changey et M. Marey-Gassendi étaient liés d'ancienne date et voisins de campagne; ils appartenaient à la même école de chasse, savante et pratique à la fois, avaient fait leurs premières armes ensemble, soit au bois, soit à la plaine, et réunissaient souvent leurs deux meutes, afin de se mieux divertir au noble *déduit* de saint Hubert. *Mais pour être chasseur on n'en est pas moins homme.* La Plume, qui se souvenait toujours, avec une sorte d'ivresse bien légitime, à coup sûr, d'avoir le premier conduit un futur potentat d'Allemagne au champ d'honneur de la chasse, et qui s'était acquis la renommée d'être un des meilleurs tireurs de la province, la Plume se sentit tout à coup des velléités d'ambition; si bien qu'un beau jour, après avoir eu la très-ingénieuse précaution de prendre en huit heures une portée de cinq louvards déjà forts, il demanda une notable augmentation de gages à son maître, que celui-ci ne voulut pas lui accorder. Le serviteur mécontent n'en fit ni une ni deux, et, dès le lendemain, il alla se présenter résolûment chez M. Marey-Gassendi, qui accepta ses offres, mais non sans toutefois s'être assuré que son voisin ne céderait pas : tout cela fut l'affaire de quarante-huit heures.

Les grands veneurs ont leurs susceptibilités et leurs rancunes comme les puissants de la terre. Les deux amis qui avaient débuté par une petite lutte de bons procédés, se mirent, on ne sait trop pourquoi, à échanger des *notes* et des *protocoles* où l'aigreur et le sarcasme prirent insensiblement la place des termes de la vieille affection, puis, ils se brouillèrent tout à fait, et peu s'en fallut que leur querelle ne dégénérât en lutte sanglante. Mais des camarades bien intentionnés s'interposèrent entre eux avec intelligence. M. Marey apporta dans le débat, devenu sérieux, la douceur de son aimable caractère; il prouva, pièces en mains, qu'il n'avait manqué ni de loyauté ni de délicatesse dans sa conduite, et les choses en demeurèrent là.... Seulement les chiens des deux rivaux *ne chassèrent plus ensemble*, et les bons voisins restèrent pour jamais indifférents l'un à l'autre, avec cette petite nuance que M. de Changey n'oublia pas : il avait perdu la Plume.

La meute de M. Marey était digne de tout point des hommes d'élite qui la conduisaient. Elle se composait d'une race de petits chiens alertes et gracieux dans leurs formes, sous poil blanc orangé ou tricolore, et tirés originairement des cantons de la Suisse qui longent la frontière de France. Ces chiens, admirablement gorgés, très-droits et toujours collés à la voie, bien qu'ils fussent ardents et vites quand il le fallait, avaient de ces excellents caractères qui rendent toute éducation prompte et facile. Simonnot, ou la Plume, les avait dressés d'abord individuellement, comme l'on dresse un braque ou un épagneul pour la chasse en plaine; aussi étaient-ils habitués à le suivre sans couples et obéissaient-ils à son moindre geste. Pendant la quête sous bois, ils marchaient rangés en demi-cercle autour de lui, avec une confiance et une docilité que je n'ai vues dans aucun autre équipage. Jamais ils ne rapprochaient bruyamment; mais dès que l'un d'eux avait donné quelques coups de voix, et que la Plume s'était mis à l'appuyer par son formidable cri, tous les autres se portaient en avant, avec une ardeur et une rapidité sans pareilles, ne formant qu'une seule clameur délicieuse à entendre, et qu'un seul groupe où il n'y avait ni queue ni tête. Et, sauf le temps des défauts, en général relevés promptement, cela durait ainsi jusqu'à ce que le lièvre ou le louvard fût pris, ou le sanglier frappé à mort par la balle infaillible du maître ou du piqueur.

Quoique spécialement destinée dans le principe à forcer le lièvre, cette meute chassait également bien soit le loup, soit le chevreuil, soit le sanglier, et, chose extraordinaire! une fois que l'un de ces animaux était lancé, elle ne le quittait plus pour faire change sur un autre; la voie goûtée devenait le programme respecté de toute la chasse.

Avec ces charmants *toutous*, auxquels on ne pourrait comparer que les fameux chiens de porcelaine de la gendarmerie de Lunéville, nous avons souvent pris nos deux lièvres entre le déjeuner et le dîner, et jamais je ne me suis lassé d'admirer l'ensemble merveilleux de l'équipage, sa parfaite discipline, l'intelligence de ses manœuvres, l'harmonie de sa musique et la profonde science de l'homme qui le dirigeait après l'avoir formé. Que de fois, dans un immense guéret de date récente, et dont la surface était d'une désolante uniformité de teinte, la Plume, pendant un défaut, a essayé de me montrer, à cent pas de lui, le lièvre rasé entre deux mottes de terre, et que, moi, je ne voyais que quand un des chiens le faisait partir de son gîte improvisé : l'œil louche de la Plume était un véritable œil de lynx ou de Mohican.

Ce sont les grands rois qui font les grands ministres, et je ne crains pas d'avancer que c'est à son long séjour chez M. Marey-Gassendi et aux bons exemples qu'il a reçus de ce maître veneur, que Simonnot a dû la perfection à laquelle il était arrivé, comme tireur et comme chef d'équipage, à l'époque où je l'ai connu. Nourri des préceptes solides de la vieille vénerie française, ayant recueilli sur les lieux mêmes les excellentes traditions de MM. de Fussey, qui avaient habité le pays une vingtaine d'années auparavant, M. Marey était tout à la fois un habile professeur et un pratiquant zélé : on peut dire de lui qu'il avait la foi et les bonnes œuvres.

Il possédait en outre, et sur ce point la Plume était bien moins son élève que son émule, une de ces rares facultés qui ne s'apprennent pas plus qu'elles ne se transmettent : c'était la connaissance instinctive des lieux où il chassait pour la première fois. Il en devinait la configuration avec une sagacité qui était presque de la seconde vue ; si deux routes également inconnues s'offraient à lui, il choisissait infailliblement celle qu'il devait prendre ; s'il s'agissait de tirer, il ne se trompait jamais sur le poste devant lequel il fallait s'arrêter pour voir passer l'animal. Un jour, en revenant de chasser des sangliers dans les bois du Maupas, il a traversé seul toute la forêt de Demigny, sans s'écarter de sa route et sans demander une fois son chemin : moi, qui la

2

pratiquais depuis mon enfance, je n'aurais certainement pas été capable d'en faire autant.

M. Marey était l'ami ou le compagnon de chasse des plus illustres veneurs de la Bourgogne, parmi lesquels je citerai MM. Jules Perret, de Wall, de Villers-Lafaye, de Mac-Mahon, Dromard Légéas et d'autres dont les noms ne me reviennent pas en ce moment. Ce n'est pas qu'il fût de sa nature très-friand de réunions nombreuses, mais comme tout le monde le recherchait, sa sociabilité naturelle finissait toujours par l'emporter sur son goût pour la chasse *intime*— si l'on peut s'exprimer ainsi — et il était rare qu'il restât sourd à l'appel cordial d'un voisin. Je crois cependant qu'il n'était jamais si content que quand il partait en compagnie de son fidèle la Plume, avec ses quarante chiens rangés, libres et dociles, derrière eux.

Heureux l'homme qui a trouvé le secret de rester un sage, tout en passant sa vie à satisfaire sa plus grande passion.

II

LE
CAPITAINE PREVOT.

I

J'ai dit, dans l'avant-propos de ces nouvelles études cynégétiques, que la fantaisie présiderait plus souvent que l'ordre à mon travail. La fantaisie, c'est presque toujours la variété, et nous persistons à croire qu'elle ne déplaît jamais aux lecteurs des œuvres qui ne prétendent pas à être sérieuses, dans la rigoureuse acception du mot.

J'ai peint, dans mes deux premiers articles, l'existence heureuse et calme du veneur gentleman, aujourd'hui je retrouve dans un coin de ma mémoire la physionomie originale et sérieuse d'un chasseur rustique.

La vie de l'homme que je vais raconter a eu deux phases parfaitement distinctes, dont je parlerai successivement de manière à ne pas les confondre. Mon héros,— et ici l'expression que j'emploie n'est pas seulement une banalité consacrée par l'usage,— mon héros, dis-je, a porté pendant vingt-trois ans le mousquet du soldat et l'épaulette de l'officier, avant d'endosser la carnassière du chasseur et de prendre sous son bras le fusil à deux coups. Quand il a commencé à battre, précédé de son chien, les champs et les bois de la Bourgogne, il avait parcouru l'Europe d'un bout à l'autre en compagnie des premiers capitaines du siècle, et son nom figurait avec honneur en vingt endroits des *Victoires et Conquêtes*. Mon capitaine Prevot a été un de ces demi-dieux obscurs qui ont racheté par leurs vertus guerrières les crimes de la révolution, et écrit leur page dans la grande épopée du premier Empire.

Cette petite explication donnée, pour rassurer ceux de mes lecteurs qui s'alarmeraient qu'il ne fût pas question de chasse dans cette seconde biographie, j'aborde résolûment mon sujet.

Dans les premiers jours du mois de septembre 1792, la petite ville de Beaune et toute la contrée environnante ressentaient le contre-coup de l'élan patriotique qui avait électrisé subitement la France d'une extrémité à l'autre, à la nouvelle que l'ennemi venait de poser le pied sur le sein déchiré de la mère commune.

Toutes les opinions, oubliant passagèrement leurs vieilles rancunes, s'étaient réunies dans une seule et même pensée : la défense de la patrie, menacée dans son indépendance et dans sa dignité.

Quelques jours auparavant, l'administration provisoire du département de la Côte-d'Or avait proclamé le danger qui menaçait le pays, appelé les bons citoyens aux armes et ordonné la formation immédiate de deux bataillons d'infanterie, qui devaient, aussitôt organisés, rejoindre l'armée de Lafayette dans les plaines du Nord, ou celle de Dumouriez dans les défilés des Ardennes.

Des officiers recruteurs, la harangue aux lèvres et le feu du patriotisme dans le regard, étaient arrivés, la veille au soir, à Beaune, et dès l'aube du lendemain, adolescents, hommes mûrs et vieillards accouraient en troupes nombreuses des communes voisines pour s'enrôler dans les légions de la eune république, qui passionnait toutes les âmes, parce qu'elle était déjà en péril. L'air retentissait de toutes parts des accents de la terrible *Marseillaise*, et voix lugubre du tocsin ne cessait pas un seul instant de se faire entendre dans les villages abandonnés par leur population mâle.

Les enrôlements étaient reçus sur la place du amont, la plus vaste de la ville, et chaque fois qu'un nouveau volontaire gravissait en courant les marches de l'escalier de bois qui conduisait à l'estrade décorée de feuillages et de drapeaux tricolores, en haut de laquelle se tenaient les membres de la municipalité de Beaune et les officiers recruteurs, une immense clameur d'enthousiasme s'échappait du sein de la foule, houleuse comme la mer quand la tempête gronde dans ses profondeurs.

En général, on ne se montrait pas très-difficile dans le choix des nombreux prétendants à l'honneur de marcher contre les troupes de la première coalition. Pourvu que le volontaire qui se présentait eût la parole passionnée et l'œil résolu, on lui donnait l'accolade fraternelle avec accompagnement de houras, et il allait immédiatement grossir les rangs de ceux qui l'avaient précédé sur l'estrade.

On avait déjà réuni assez de monde pour former deux compagnies, quand un paysan vint se planter dans une attitude peu belliqueuse devant le capitaine improvisé qui recrutait pour le premier bataillon.

C'était un tout jeune homme, presque un enfant, dont la taille exiguë, les membres grêles et la physionomie indécise ne promettaient pas, au premier examen, un ouvrier bien utile pour la rude tâche qu'il aurait à remplir. Il exposa sa requête en termes timides, ce qui ne lui était guère plus favorable que sa mine chétive et sa petite taille.

« Vois à l'autre bataillon, camarade, lui dit le

capitaine en l'examinant de la tête aux pieds, ce qui fut bientôt fait. Je recrute ici pour les grenadiers, et je n'ai pas besoin de te mettre sous la toise pour savoir qu'il te manque au moins quatre pouces. »

Une vive rougeur empourpra subitement le visage pâle et profondément marqué de petite vérole de notre jeune homme, et un éclair de ressentiment jaillit de sa prunelle fauve.

Le capitaine ne remarqua pas cette émotion qui l'aurait peut-être fait changer d'avis, et le paysan descendit de l'estrade qui avait un escalier à chaque bout.

Mais au lieu de se perdre dans la foule et de renoncer à son entreprise, il remonta de l'autre côté où l'on recevait les enrôlements pour le bataillon de tirailleurs.

Sa joue et son œil gardaient encore des traces visibles du dépit qu'il venait de ressentir, et l'ensemble de sa physionomie prévenait beaucoup plus en sa faveur.

« D'où es-tu ? demanda l'officier.

— De Baubigny, canton de Nolay.

— Ah ! la patrie de Carnot.... Quel est ton état ?

— Vigneron de père en fils.

— Tu n'as pas l'air bien robuste, mon pauvre garçon.

— Qu'importe, si j'ai bon pied, bon œil et du cœur dans le ventre avec cela. »

Et le visage du soldat s'enflamma de nouveau de la façon la plus avantageuse pour sa physionomie.

« Comment te nommes-tu ? reprit l'officier en se préparant à écrire, ce qui était un commencement d'acceptation.

— Lazare Prevot. »

L'accolade fut donnée, les acclamations retentirent et le volontaire ne fit qu'un bond jusqu'au moins éloigné des différents groupes que formaient ses compagnons reçus avant lui : le petit paysan malingre n'était déjà plus le même homme, tant il se sentait fier d'avoir été jugé digne d'être soldat.

Quelques heures après, il rentrait tout joyeux dans la chaumière paternelle, où son père le pressait avec orgueil contre son cœur, et où sa mère avait préparé d'avance son havresac avec la fermeté d'une Romaine. Dans ce temps-là, les mères ne pleuraient pas encore quand les fils partaient pour la guerre. Elles savaient que c'était réellement la patrie qu'ils allaient défendre.

Vingt-quatre heures après, notre jeune homme, le chapeau posé sur l'oreille et la carmagnole enrubannée, se mettait en route pour l'armée du Nord, et, en quittant sa famille, il n'avait pas d'autre souci que l'impossibilité certaine de rencontrer l'ennemi le soir même ou le lendemain.

Dès les premières étapes du voyage, qui se faisait par parenthèse à marches forcées, l'officier du détachement remarqua que le petit Lazare n'était pas du tout l'homme qu'annonçaient la délicatesse de sa constitution féminine et l'expression éteinte de son visage. Quand le rappel battait avant l'aurore, c'était toujours lui qui arrivait le premier sur la place du village où l'on devait se rassembler; si la journée avait été longue, il cheminait légèrement encore lorsque ses compagnons, plus robustes que lui en apparence, avaient depuis longtemps déjà quelque chose de traînant dans leur allure; si le gîte était mauvais, et à cette époque les militaires en voyage ne trouvaient pas partout du pain, Prevot n'en était pas de plus méchante humeur pour cela, et il égayait au contraire la veillée de jeûne de son escouade par d'amusants récits de chasse, car il était devenu très-naturellement braconnier du jour où la révolution avait permis à tout le monde de prendre un fusil et de tuer le gibier des aristocrates. Bref, le vigneron de Baubigny, s'il ne promettait point encore précisément de figurer un jour dans quelque bulletin de victoire, était en bon chemin de conquérir l'estime de ses chefs et les sympathies de ses camarades, enrôlés comme lui de la veille.

Mais les choses changèrent bien de face lorsque les volontaires, une fois arrivés à l'armée et réunis en bataillon, reçurent d'anciens sous-officiers et de vieux soldats pour les instruire et les organiser.

A partir de ce moment, Prevot, qui ne payait pas de mine, ainsi que nous l'avons dit, devint le plastron de toutes les plaisanteries bonnes ou mauvaises des *loustics* qui se trouvaient parmi les moustaches grises dont je viens de parler. On le raillait sur sa taille de *caniche debout*, — c'était l'expression reçue, — sur son teint d'hôpital, sur les dessins peu flatteurs dont la petite vérole avait orné son visage, sur sa voix enfantine et sur sa manière, gauche encore, de porter l'uniforme. Il reçut d'abord tous ces brocards avec assez de patience, parce qu'au fond il était avant tout bon enfant; mais un jour la moutarde lui monta au nez — comme on dit vulgairement — et pour montrer en une seule fois de quoi il était capable, il envoya.... promener carrément le tambour-major de son bataillon, lequel avait cinq pieds onze pouces sans sa chaussure, et était maître d'armes par-dessus le marché.

Ce colosse, qui maniait également bien le demi-espadon, le briquet et le fleuret démoucheté, voulut prendre en plaisanterie l'insulte du conscrit, mais Prevot lui signifia que s'il refusait de se battre, il monterait sur une chaise pour lui appliquer une paire de soufflets.

On se rendit donc sur le terrain, le tambour-major et les témoins bien convaincus que le pauvre Prevot serait, dès la première passe, embroché comme une mauviette.

La justice de Dieu en décida autrement. Le *nabot* bourguignon fut à la vérité blessé ; mais le colosse le fut aussi et bien plus gravement : les deux blessures étaient au bras droit, à peu près à la même hauteur, entre le coude et le poignet.

Le duel avait eu lieu derrière une des cantines du camp, et c'est là que le raccommodement se fit en nombreuse et joyeuse compagnie de vieux et jeunes camarades. Les adversaires trinquèrent amicalement de la main gauche, chacun d'eux ayant l'autre dans le même seau d'eau bientôt teinte de sang : aucun sentiment de rancune ne survivait à leur querelle.

« Tu as plus de cœur que tu n'es gros, dit le tambour-major en vidant son verre, et tu feras un rude soldat, si le canon des *kinserliks* ne joue pas aux quilles avec tes jambes à la première bataille. »

Cette aménité de *dur-à-cuire* ne tarda pas à devenir une prédiction qui se vérifia d'un bout de l'Europe à l'autre pendant près d'un quart de siècle, car en peu de jours le petit tirailleur bourguignon était devenu un des plus grands soldats de la grande armée.

La première fois qu'il vit le feu, il se jeta comme un lion au plus épais de la mêlée, étonnant ainsi les plus braves par son sang-froid, son intrépidité et sa merveilleuse adresse à se servir de ses armes. Un peu plus tard, il acquit une expérience du péril dont il ne se servit jamais qu'au préjudice de ses adversaires : nous allons en citer un exemple.

L'armée autrichienne avait dans les plaines de la Flandre une cavalerie magnifique, supérieure en nombre et en bonne organisation à la cavalerie républicaine, que l'émigration avait privée du soir au lendemain de presque tous ses officiers; aussi, dans chaque action un peu considérable, les généraux de la coalition commençaient-ils toujours par lancer sur nos tirailleurs, inexpérimentés encore, de vieux houzards hongrois, plus rusés que le démon, qui leur faisaient beaucoup de mal. Savez-vous, mes chers lecteurs, ce que le petit Prevot imagina alors pour tuer plus sûrement sa bonne part de ces malins compères? Je vais vous le dire, car je crois que vous auriez de la peine à le deviner, l'invention étant aussi nouvelle qu'originale. Il se procura un pistolet de poche, le bourra d'abord de poudre jusqu'à la gueule, après quoi il l'assujettit au moyen de deux liens en fil de fer à côté de la batterie de son fusil de munition.

A ceux de ses camarades qui lui demandaient ce qu'il comptait faire de cette arme simplement chargée à poudre, il se bornait à répondre : *Vous n'aurez qu'à regarder la première fois que les kinserliks viendront rôder autour de nous.*

Le lendemain, il y eut une alerte à la pointe du jour. Le deuxième bataillon de la Côte-d'Or fut dispersé en tirailleurs dans la plaine, toute couverte de cavaliers impériaux.

Comme de coutume, Prevot courut du côté où l'on escarmouchait avec le plus d'ardeur.

Un houzard à grandes moustaches grises se mit à caracoler à une vingtaine de pas de lui, en ayant l'air de le défier. Prevot le coucha en joue avec une apparence de gaucherie, puis il pressa la détente de son pistolet.

Une forte détonation retentit, et aussitôt le vieux houzard, convaincu qu'il n'avait plus à craindre que la baïonnette d'un conscrit maladroit, fondit comme un oiseau de proie sur le jeune volontaire.

Celui-ci l'attendit de pied ferme, et à bout portant il lui planta au milieu du front la balle de son fusil, que le Hongrois croyait déchargé. L'épreuve était concluante; elle trouva de nombreux imitateurs, et à partir de cette époque, le deuxième bataillon de la Côte-d'Or devint la terreur de la cavalerie autrichienne. Quant à Prevot, il fut fidèle à son pistolet tant qu'il resta soldat et sous-officier

Les limites que je me suis tracées d'avance pour ces petites biographies ne me permettent pas de raconter dans tous ses détails la glorieuse et pourtant modeste vie de mon intrépide compatriote; ainsi, à l'exception de deux ou trois faits d'armes plus extraordinaires que les autres, je me bornerai à vous dire qu'il fit successivement toutes les guerres d'Italie avec le général Bonaparte, et plus tard celles d'Allemagne avec le grand empereur.

Ici se place tout naturellement une des anecdotes dont je viens de parler.

Au début de l'immortelle campagne de 1805, mon héros avait été récompensé par le don d'un fusil d'honneur pour être entré le premier dans une redoute quelconque.

Après la prise d'Ulm, Napoléon, passant en revue son armée victorieuse sur les glacis de la place, s'arrêta devant Prevot qu'il connaissait de longue date comme un intrépide parmi les braves, et lui demanda brusquement pourquoi il était désarmé.

Prevot, qui avait été enveloppé le matin même par une volée de mitraille et maléficié du haut en bas, balbutia quelques paroles inintelligibles : le pauvre diable avait encore le visage inondé de sang qui coulait des nombreuses petites blessures de sa tête.

« Il fallait te faire tuer plutôt que de rendre ou d'abandonner ton arme, » reprit l'Empereur.

Alors Prevot tira de dessous le revers blanc de son uniforme la sous-garde soigneusement *astiquée* de son fusil d'honneur, et le colonel du régiment expliqua en peu de mots au moderne César que c'était tout ce que la volée de mitraille avait laissé intact entre les mains du vaillant soldat, qui fut nommé sergent et eut le bout de l'oreille pincé, séance tenante.

A Iéna, il reçut la croix de la Légion d'honneur, qu'on ne prodiguait pas encore.

A Eylau, le régiment le désigna avec un autre sergent pour veiller à la garde du drapeau, aux côtés du sous-lieutenant porte-étendard.

A Friedland, il fut mis à l'ordre du jour de l'armée pour avoir, dans une terrible mêlée d'infanterie, tué à la baïonnette cinq grenadiers russes aussi grands que son ancien tambour-major.

En 1809, son corps fut envoyé en Espagne: c'est là que Prevot devait se surpasser lui-même et gagner enfin l'épaulette

II

Comme en Italie et en Allemagne, la fortune, qui voulait du bien à Prevot, permit qu'il fût présent à toutes les actions mémorables. Il eut donc affaire aux Espagnols, aux Anglais et aux Portugais, et partout il déploya la brillante et intelligente valeur qu'il avait montrée dès son début dans la carrière.

Le maréchal Ney faisait le siége de Ciudad-Rodrigo, l'une des plus fortes places de la Péninsule Ibérique, héroïquement défendue par une garnison valeureuse et une population fanatisée.

Déjà les ouvrages avancés étaient tombés au pouvoir des troupes françaises, et une brèche existait dans le mur d'enceinte de la ville. Il ne s'agissait plus que de savoir si cette brèche était praticable et s'il ne s'élevait pas d'autres défenses derrière elle.

Si le maréchal n'eût pas commandé en chef, il se serait probablement éclairé par lui-même, avec son mépris habituel pour le péril; mais la responsabilité qui pesait sur lui seul dans cette circonstance lui fit un devoir de confier à d'autres yeux que les siens le soin de consulter l'état des choses.

Un matin, à la petite pointe du jour, il se présenta sur le front du régiment dans lequel servait Prevot, et qui était de garde à la tranchée depuis la veille au soir.

« Deux hommes pour aller se faire tuer là-haut! » dit-il de cette voix vibrante et sympathique qui faisait un héros de chaque soldat, et en montrant le sommet de la brèche.

Ces paroles étaient à peine prononcées, que Prevot et un autre sergent sortaient des rangs et marchaient droit au maréchal, le fusil au port d'armes de sous-officier.

« Ah! c'est toi, *mon sans-peur!* — reprit Ney qui avait reconnu l'ancien volontaire de la Côte-d'Or. — Approchez, mes enfants, — poursuivit-il, — et ne perdez pas une seule de mes paroles.... Vous avez une belle mission à remplir. »

Alors, il leur expliqua en peu de mots, qu'il comptait sur eux pour savoir si l'assaut était possible, et il leur répéta encore qu'ils allaient marcher une mort presque certaine.

« Mais enfin, — ajouta-t-il, — j'espère que vous

aurez toujours le temps de tirer un coup de fusil en l'air, et cela voudra dire pour moi, que je peux tout préparer pour emporter la place.... Allez, mes braves camarades ! Si vous êtes tués, nous vous ensevelirons dans une victoire, et j'envierai votre sort. »

Les deux sergents sourirent avec orgueil à cette magnifique promesse du *brave des braves*, qui leur serra la main avec émotion.

Quelques minutes après, le corps plié, le sabre aux dents et le fusil prêt à faire feu, ils gravissaient lentement le revers extérieur de la brêche, en s'abritant de leur mieux derrière tous les accidents du terrain.

Prevot cheminait en avant, ce qui était son habitude et son privilége incontesté, de sorte que ce fut lui qui plongea le premier son regard de lion dans la ville.

On le vit ajuster, tirer, mais non en l'air, ainsi, ce n'était pas seulement un signal qu'il donnait; puis, au lieu de faire sa retraite, continuer sa route et disparaître, suivi de son camarade, de l'autre côté d'un pan de mur écroulé.

Presque au même instant, on entendit battre la chamade, et un drapeau blanc, hissé avec précipitation, apparut sur l'édifice le plus élevé de Ciudad-Rodrigo.

La garnison, croyant la ville prise, puisque des

soldats français avaient eu l'audace de s'y aventurer, la garnison demandait à capituler.

Le maréchal, devinant qu'il se passait quelque chose d'extraordinaire, mit l'épée à la main et se lança à la tête du régiment dans la direction indiquée par Prevot. Sa présence consolida l'étonnante conquête de cet homme, à nul autre pareil, qui s'était emparé d'une ville en ne croyant faire qu'une crânerie : tout cela avait pris moins de temps que je n'en ai mis à le raconter.

Prevot, ainsi que je l'ai dit, avait déjà la croix; il fallait bien pour le coup le faire officier, quoiqu'il ne sût pas à beaucoup près manier la plume aussi bien que le fusil.

Pendant cette longue et terrible guerre d'Espagne, le jeune sous-lieutenant, qui commençait à être un vieux soldat couvert de blessures, eut, dans plus d'une circonstance, la bonne fortune de pouvoir satisfaire son ancienne passion pour la chasse. Mais, toujours fidèle à son goût prononcé pour les entreprises périlleuses, il ne fut complétement heureux que le jour où il apprit qu'il existait, dans un vaste delta marécageux situé à l'embouchure du Guadalquivir, des taureaux sauvages d'une férocité si connue, que les plus hardis des paysans de la contrée n'avaient pas encore tenté de les surprendre dans leur retraite, peu accessible d'ailleurs. Prevot alla aux informations, et quand il sut tout ce qu'il voulait savoir, il embaucha quelques amis aussi résolus que lui, et ils partirent en annonçant une petite chasse au marais. Quarante-huit heures après, ils revinrent au camp, ramenant avec eux quatre longs chariots chargés d'énormes quartiers de viande fraîche, qui furent d'une grande ressource pour l'armée du blocus de Cadix. Toutes les actions de Prevot, même celles qu'il ne semblait accomplir que pour son agrément personnel, tournaient toujours d'une manière ou d'une autre au profit de ses compagnons d'armes ; sa destinée le voulait ainsi.

Lorsque l'Empereur réunit en Allemagne ses meilleures troupes pour marcher contre la Russie, le régiment de Prevot fut du nombre, et, placé à l'avant-garde de l'armée, le jour même du passage du Niémen, il alla jusqu'à Kalouga après la bataille de Borodino et la prise de Moscou.

Il résulta de cette circonstance, que quand la retraite commença, ce corps se trouva de nouveau au poste d'honneur, puisqu'il marchait alors le dernier.

Qui n'a lu dans l'émouvant poëme du comte Philippe de Ségur, et dans la belle et sévère histoire du Consulat et de l'Empire, de M. Thiers, les navrantes relations des désastres, des misères et des souffrances sans nombre de cette longue marche de nos soldats, tout à la fois victorieux et fugitifs, à travers les déserts nus et glacés de la vieille Russie? Il suffira donc de dire à ceux dont la mémoire conserve le souvenir de ces lamentables récits, que Prevot eut sa large part des glorieuses infortunes qu'ils racontent. La cuisse traversée d'une balle au moment où nos dernières colonnes évacuaient l'antique cité des tsars, mon héros, qui était devenu capitaine, ne songea pas plus à rendre son épée, dans l'espoir d'être moins malheureux en devenant prisonnier, qu'à s'étendre sur la neige pour chercher le repos dans la mort. Dès le premier jour, il vit dans toutes les douleurs qui l'assaillaient de nouveaux ennemis, et il prit la résolution de les combattre, avec sa fermeté de cœur habituelle, tant qu'il lui resterait une goutte de sang dans les veines. Appuyé sur la crosse de son fusil, on sait que même les généraux portaient cette arme de simple soldat pendant ces jours de lutte sans trêve et sans espérance ; appuyé sur la crosse de son fusil, dont il se servait encore de temps en temps d'une façon plus conforme à ses goûts, Prevot assista sans faiblir, mais non sans pleurer, à l'agonie de ses plus robustes frères d'armes. Un instant vint, où il ne lui resta plus d'autre compagnon connu que son chien, blessé aussi, comme lui exténué de besoin, et avec lequel il partageait le peu de vivres qu'il pouvait se procurer, et le linge de sa chemise, qui servait à les panser tous deux. Ce fut ainsi qu'ils arrivèrent à Glogau, où ils entrèrent ensemble à l'hôpital.

A Leipsick, à Hanau, dans les défilés des Vosges, dans les plaines de la Champagne et sous les murs de Paris, l'intrépide et infatigable volontaire fut ce qu'il avait été depuis le premier jour de son entrée au service.

Il semblait que son patron, le Dieu des armées, le transportât à travers l'espace partout où le canon se faisait entendre. Son nom retentissait dans presque tous les bulletins du grand Empereur, et brillait d'un éclat plus modeste, dans chaque ordre du jour de son régiment.

Après quatorze mois de repos dans une petite ville du Nord, le capitaine se trouva sur le champ de bataille de Waterloo.

Le 29 juin, Louis XVIII faisait son entrée à Péronne au son des cloches et aux acclamations enthousiastes des habitants, qui voyaient en lui le symbole de la paix.

Une heure plus tard, un bruit de roues et de chevaux résonnait sur le pavé de la cour de l'hôtel de ville, où le roi était descendu avec sa suite.

C'était Prevot! le brave, et nous ajouterons le très-naïf Prevot. Il s'était emparé, sur la fin de la bataille du 18, d'une pièce de canon anglaise, l'avait protégée, défendue, finalement ramenée jusque-là, et il venait la présenter sans arrière-pensée au roi de France, bien convaincu qu'il était que l'Empire avait fait tout de bon son temps pour cette fois.

Livré à ses propres inspirations, l'auteur de la Charte aurait probablement accepté avec grâce l'offrande originale, hardie et au fond très-flatteuse du vieux soldat de la République; mais il y avait là de ces conseillers aveugles et trembleurs, pour qui toute pensée généreuse est un sujet d'effroi, et Prevot n'obtint pas même l'humble récompense d'une bonne parole royale. Il a souvent dit depuis que c'était le seul événement de sa vie qui l'eût étonné.

Toujours philosophe, il rejoignit son régiment sur la Loire, et là il fut envoyé en demi-solde dans son pays natal, qu'il n'avait pas revu depuis le mois de septembre 1792.

Tous ses parents étaient morts au coin du feu ou dans leur lit, comme de bons paysans, à l'abri de tout péril qu'ils étaient; un autre vigneron occupait la chaumière paternelle; les tombes des défunts n'étaient pas même marquées par une petite croix de bois : Baubigny parut bien plus triste qu'un champ de bataille au pauvre capitaine en disponibilité.

Comme il fallait qu'il se rendît au chef-lieu du département pour faire régulariser sa position, il partit pour Dijon, où l'on venait de réunir un camp de plaisance de 120 000 Autrichiens, et il descendit à l'hôtel de la Cloche, tenu alors par ce brave Goisset qui n'a jamais voulu croire à la mort de l'Empereur, même après que les cendres du grand homme eurent été ramenées en France en 1840.

Prévot prit place à la table d'hôte, en face d'un officier supérieur des dragons de la Tour, qui, à sa longue redingote bleue boutonnée sur la poitrine, et à son ruban rouge, le reconnut bien vite pour ce qu'il était.

Au dessert la conversation s'engagea entre les deux militaires, et bien que mon héros, qui était au fond le meilleur garçon du monde, s'y montrât modeste et de bonne humeur, il ne put s'empêcher de dire qu'il connaissait Milan, Vienne, Berlin, Madrid, Moscou et beaucoup d'autres villes, encore mieux que Dijon.

« Ce qui n'empêche pas que nous buvons aujourd'hui votre vin chez vous, — répliqua arrogamment l'Autrichien.

— Eh bien ! — reprit Prevot avec bonhomie, — ce que nous avons de mieux à faire, maintenant que la paix est signée, c'est de trinquer ensemble comme d'anciens adversaires qui s'estiment. »

Et s'emparant d'une bouteille, il remplit son verre et celui de son compagnon de table, qui en renversa immédiatement le contenu au lieu de le porter à ses lèvres.

La liqueur vermeille avait à peine touché la

nappe, que la bouteille se brisait en mille morceaux sur le visage pâle de fureur de l'Autrichien.

Il sauta sur son sabre; Prevot courut prendre son épée, qu'il avait déposée dans un coin en entrant, les deux lames se croisèrent avec une égale vigueur, et au premier dégagement l'officier des dragons tomba traversé de part en part.

« Sauvez-vous ! » s'écrièrent les témoins de cette scène tragique.

Se sauver, c'était une manœuvre que Prevot ne connaissait guère, ne l'ayant jamais exécutée pour son propre compte; mais le bon Goisset lui murmura à l'oreille ces mots magiques : « *Conservez-vous pour notre Empereur*, » et le capitaine sortit de l'auberge, après avoir essuyé la lame de son épée à la nappe souillée par l'insulte qu'il avait reçue.

Il gagna la porte Guillaume, les jardins du faubourg de l'Arquebuse, puis les vignes ombreuses du village de Talant, dont le curé lui accorda l'hospitalité et ne le dénonça point.

Tout protégé qu'il était par sa gloire, le pauvre capitaine fut obligé d'errer longtemps d'asile en asile, et ce ne fut que dans les premiers mois de 1816 qu'il reçut de l'autorité civile et militaire l'assurance qu'il ne serait pas inquiété pour son dernier sacrifice humain.

« Les sangliers et les loups n'ont qu'à se bien tenir maintenant, » dit-il en attachant sa croix d'honneur sur une blouse de chasse, et en caressant deux bassets noirs marqués de feu qu'il avait pris, tout fugitif qu'il était, à un détachement de chasseurs tyroliens en marche pour regagner la frontière.

Ici commence la seconde phase de la vie de Prevot. Elle sera tout naturellement moins dramatique et moins variée que la première, mais cependant elle offre aussi son genre d'intérêt, puisque l'homme y reste au fond le même dans une destinée bien différente.

Le quart de siècle qui s'était écoulé, on sait de quelle manière, et les rudes épreuves auxquelles mon héros s'était vu soumis ne laissaient pas que d'avoir marqué profondément leur passage sur sa personne. Il était plus ridé et plus chauve qu'on ne l'est ordinairement à son âge, et il conservait toujours cet extérieur grêle et presque délicat qui avait failli priver la France d'un de ses plus vaillants défenseurs. Mais ce corps décharné était devenu du bronze, et cette organisation chétive, qui semblait annoncer autrefois un véritable soldat d'hôpital, avait en définitive acquis en peu de mois une vigueur qui était allée *crescendo* à mesure qu'elle aurait dû, au contraire, décroître à force de labeurs et de privations. Le capitaine pouvait marcher sans s'arrêter, comme le juif-errant de la légende; il possédait en outre la double faculté de manger à toute heure ou de ne pas manger du tout d'un soleil à l'autre ; il voyait la nuit aussi bien qu'un chat, et la finesse de son oreille eût été enviée d'un vieux loup défiant et maraudeur. Pour ce qui est de son visage, il faudrait, pour en avoir une idée à peu près juste, se représenter une tête de bois recouverte de la peau d'un tambour hors de service.

Eh bien ! rien de tout cela n'était ni ignoble, ni repoussant, ni même grotesque. L'œil fauve clair comme celui du chien avait des chatoiements d'un charme infini, dans lesquels étincelaient tour à tour l'esprit, la bonté et le courage ; chacune des rides de sa face, qui n'était presque qu'un profil à force de maigreur, offrait sa physionomie particulière comme si elle eût été un trait principal du visage au lieu d'en être un simple accident. L'adresse incomparable des mains de Prevot n'avait d'égale que l'agilité merveilleuse de ses pieds, car, au besoin, il était successivement cordonnier, tailleur, armurier, peintre en bâtiment, etc., etc., etc. Sa démarche, qu'il avait perfectionnée en parcourant l'Europe d'un bout à l'autre, était une sorte de course sans bonds, autrefois en usage parmi les *coureurs* qui précédaient les voitures, habituellement menées grand train, des princes du sang et des fermiers généraux. Le pas gymnastique de nos chasseurs de Vincennes peut en donner une idée assez exacte.

C'est à la Rochepot, petit village assez pittoresque, situé sur la route de poste de Châlon-sur-Saône à Paris, que le capitaine planta définitivement sa tente, tente hospitalière s'il en fut jamais, ainsi qu'on va le voir.

Elle se composait de deux pièces, l'une ayant jour sur le grand chemin, et l'autre communiquant de plain-pied avec un vaste jardin adossé à la montagne, et par conséquent très-accidenté. Celle-ci servait de chambre à coucher à Prevot et à ses chiens. Elle était rustiquement meublée, mais rien d'essentiel n'y manquait et tout y brillait de cette propreté exacte et minutieuse qui est l'élégance du soldat d'élite. La pièce de devant avait été transformée en une espèce de caravansérail ouvert à tout venant, la nuit aussi bien que le jour. Deux tonneaux de vin vieux, ayant chacun son robinet de cuivre bien luisant, en occupaient le fond. Au milieu, on voyait deux longs bancs placés de chaque côté d'une table, sur laquelle il y avait en tout temps un large pain bis, un morceau de lard ou un quartier de sanglier, cuit au four, du fromage *fort*, régal bourguignon qui a la propriété d'entretenir la soif, et un peloton de verres rangés en bataille. La clef était dans un trou de la muraille, connu de tous les amis du capitaine, et pourvu que le digne homme vous eût une fois serré la main et indiqué la cachette d'un clignement d'œil, vous aviez le droit d'entrer, de manger, de boire et de vous reposer. Les anciens patriarches ne devaient pas agir autrement du temps d'Abraham.

C'est dans cette retraite de sage bienfaisant et de philosophe satisfait de sa fortune, que Prevot a vécu depuis la fin de l'année 1816 jusqu'en 1834, qu'il s'est retiré à Ivry où il vit peut-être encore à l'heure où j'écris son histoire. Dans un lieu comme dans l'autre les amitiés les plus illustres sont venues le chercher, et à cinq à six lieues à la ronde, il s'organisait bien rarement une chasse qu'il n'y fût convié des premiers et d'avance. Comme tireur en plaine, il ne comptait pas un seul maître dans toute la province, et au bois, lorsque son coup de fusil, facile à reconnaître parce qu'il se servait invariablement d'armes de gros calibre, retentissait, la joyeuse fanfare de l'hallali par terre ne tardait pas à retentir aussi. Fidèle à ses anciens goûts de fantassin, il suivait à pied les chasses les plus longues et les plus rapides, avec autant d'aisance que s'il eût eu un bon cheval entre les jambes. Si un sanglier méchant tenait les abois, c'était toujours le capitaine qui devançait les autres veneurs au buisson où l'animal faisait tête aux chiens. Le matin, il partait longtemps avant le jour avec les valets de limiers, pour les aider ou les diriger dans leur difficile besogne. Après la nuit close, s'il manquait à l'appel quelque soldat de la meute, l'infatigable

Prevot restait en forêt jusqu'à ce qu'il les eût tous retrouvés vivants ou morts, comme il eût fait des voltigeurs de sa compagnie, le soir d'une bataille. Aussi plus d'un maître d'équipage lui a-t-il dû la conservation de ses meilleurs chiens, soit qu'il les ait couverts de son corps, en présence d'un solitaire exaspéré, soit qu'il les ait préservés de la dent du loup en les ramenant au logis. Bel exemple de dévouement, que le chasseur, être très-égoïste et très-ingrat de sa nature, n'imite que trop rarement.

C'est en 1835 que j'ai rencontré le capitaine Prevot pour la dernière fois. Nous étions en déplacement à Bligny-sur-Ouche, avec MM. de Mac-Mahon, de Bernis, d'Espeuilles, Jules Perret, de Rosambo et quelques autres, et il vint à l'hôtel où étions descendus, prendre langue avec nous pour la chasse du jour suivant.

Il va sans dire que nous le retînmes à dîner et que nous le gardâmes le plus longtemps possible pour la causerie du soir.

Il ne parlait pas volontiers de lui, de sorte que nous eûmes d'abord un peu de peine à le mettre sur le chapitre si intéressant de ses campagnes. Mais quand il vit que nous l'écoutions avec plaisir, il s'abandonna insensiblement à la confiance, et il nous raconta des anecdotes de guerre vraiment curieuses, avec la simplicité et la candeur d'un enfant.

A la chasse du lendemain, il tint tête comme de coutume aux cavaliers les mieux montés, et quand le sanglier n'eut plus la force de courir, ce fut encore lui qui le servit d'un coup de couteau de chasse au défaut de l'épaule. Le goût du vieux volontaire de la Côte-d'Or pour l'arme blanche remontait alors à quarante-quatre ans. Il avait commencé dans les plaines du Nord avec les *Kinserliks* du général Clairfayt, et en même temps que l'invention du pistolet de poche attaché à côté de la batterie du fusil de munition.

III

LES
VENEURS DU CHAROLLAIS.
—

MM. ABEL DE VICHY, CHARLES BROSSE,
CÉSAR DE MORETON.

I

Ceux-là aussi, — les deux derniers surtout, — ont joui à bon droit de la renommée de rudes compagnons de saint Hubert. Le premier a fait également beaucoup parler de lui, mais un peu à la manière de ces rois qui règnent glorieusement par le génie de leurs ministres, et qui agrandissent leurs États avec l'épée de leurs lieutenants. Tous les trois habitaient la même province, à quelques lieues seulement les uns des autres, d'où il résulte qu'ils réunissaient quelquefois leurs équipages. C'est pour cela que je les ai à mon tour réunis en un seul groupe, et que je vais les faire défiler sous les yeux de mes lecteurs, dans l'ordre où j'ai placé leurs noms en tête de ce chapitre.

Ces Vichy passaient avec raison pour être de très-grands seigneurs avant la révolution de 1789. Ils avaient de fort belles alliances, des propriétés magnifiques un peu partout, et la réputation d'être presque tous originaux par le caractère et bizarres dans leurs goûts. Le père du comte Abel, chef de la branche aînée, possédait une fortune considérable dont il avait d'abord employé les revenus pendant plusieurs années à l'entretien d'une superbe ménagerie rassemblée à grands frais par lui dans les communs de son château de Monceau, en Charolais. Plus tard, il se passionna pour le Sicilien Cagliostro, dont il se fit successivement l'admirateur, le prôneur, l'ami, le soutien, et en quelque sorte le complice, puisqu'il voulut absolument le suivre en Angleterre après la malheureuse affaire du collier. Le *thaumaturge* escamoteur, malgré tous ses beaux secrets pour faire de l'or, n'aurait pas dîné tous les jours à Londres sans le marquis de Vichy. Ce dernier, avant de quitter la France, avait vendu, au prix de six cent mille livres, un des plus beaux immeubles de sa maison,—la cour du Dragon, à Paris,—et cette énorme somme passa tout entière par les mains de Cagliostro, qui s'en servit très-probablement pour allonger la litanie déjà trop nombreuse de ses dupes.

Ce cornac de bêtes féroces et d'aigrefins est mort obscurément pendant l'émigration, laissant deux fils, l'aîné Abel, qui n'avait pas accompagné son père en exil, et le cadet qu'on appelait le comte de Saint-Georges, qui ne tarda pas à suivre son père dans la patrie de tout le monde.

Abel, qui était grand, robuste, brave, et que la révolution avait séparé de sa famille et dépouillé de sa fortune, sans compter qu'il n'était point impossible qu'elle lui prît un jour la tête par-dessus le marché, Abel pensa qu'il n'avait rien de plus sage à tenter que d'aller se réunir aux gens qui défendaient leur peau contre les brigands que la France avait acceptés pour maîtres. En conséquence, moitié esprit de caste et moitié instinct de conservation, car il savait qu'il était suspect, il se rendit à Lyon dont la population en masse venait de lever l'étendard de la résistance à la Convention.

Le jeune gentilhomme, le jour même de son arrivée, fut nommé aide de camp du comte de Précy, général en chef de l'armée lyonnaise, et c'est en cette qualité qu'il participa glorieusement à tous les mémorables faits d'armes de ce triste épisode de nos discordes civiles. Quand l'héroïque cité, épuisée de sang et mourante de faim, fut obligée de subir la loi du vainqueur, qui était celle du bourreau, Abel de Vichy, alors très-amoureux d'une jolie petite modiste du quartier Bellecour, ne voulut pas suivre son général et les cinq ou six cents héros qui avaient résolu de gagner la Suisse ou la Savoie, en se faisant jour à travers les hordes républicaines : ce n'était pas abandonner la sainte cause de l'humanité après sa défaite, car à ce moment il y avait certes bien moins de péril à braver en rase campagne les baïonnettes des farouches grenadiers de Canclaux qu'à attendre dans Lyon même, si bien caché qu'on y fût, les égorgeurs de Couthon et de Collot-d'Herbois.

La modiste, dans ces terribles circonstances, se montra sublime de reconnaissance, de dévouement et d'intrépidité pour sauver la tête de son amant qui avait été mise à prix. On eut beau la menacer, l'emprisonner, lui répéter sur tous les tons qu'elle monterait à la guillotine si le comte de Vichy n'y montait pas lui-même, lui offrir le double de la récompense promise par les proconsuls, rien ne put lui arracher une trahison ou seulement lui causer une défaillance de cœur. Aussi fut-elle l'objet d'une sorte d'ovation populaire, après le 9 thermidor, un soir qu'elle parut au grand théâtre avec l'ex-aide de camp de Précy, au moment où la foule venait d'entonner en chœur l'hymne du *Réveil du peuple*, cette *Marseillaise* de la réaction contre l'échafaud.

A cette époque où l'on croyait si bien la vieille France finie pour toujours, que les descendants des plus nobles races bornaient leurs ambitions à avoir de la tranquillité et du pain, il était bien difficile que le jeune de Vichy, qui savait son père et son frère morts, n'épousât pas la courageuse fille qui s'était, au péril de ses jours, dévouée à son salut. La petite modiste devint donc,— par-devant M. le maire, dit-on,— une future grande dame, et en attendant des jours meilleurs, les nouveaux époux vécurent d'amour et de privations, comme beaucoup de jeunes gens de ce temps-là. La femme travaillait de son état et le mari se distrayait en empaillant des oiseaux et des quadrupèdes, occupation innocente à laquelle il est resté d'ailleurs fidèle toute sa vie. C'était un peu déchoir pour un homme dont le père avait possédé une ménagerie d'animaux vivants; mais qui songe à choisir ses distractions et ses jouissances, quand tout ce qu'il y a de noble et grand s'est écroulé, et que rien ne semble devoir se relever jamais? On était alors sous le Directoire: les voleurs avaient succédé aux assassins.

L'Empire, qui faisait tout à la fois de l'ordre, de la justice et de la gloire, restitua à M. de Vichy quelques-unes des propriétés de sa famille, que la révolution, arrêtée dans le cours de ses pillages, n'avait pas eu le temps de vendre. Douze années après, la restauration lui rendit à son tour de magnifiques forêts dont l'État était resté détenteur, et enfin il eut pour sa part un million et demi dans la répartition du milliard de l'indemnité. Tout cela le faisait plus riche que son père, avant la liaison de ce dernier avec Cagliostro. Vers le même temps, un de ses cousins germains occupait le siège épiscopal d'Autun, et lui-même était capitaine au régiment des cuirassiers d'Angoulême. Quant à la modiste, elle avait disparu volontairement de la scène, comprenant sans doute, avec un tact au moins égal au dévouement qu'elle avait montré jadis, qu'il n'y avait plus de place pour elle au foyer de son ancien amant, redevenu grand seigneur par la grâce d'un bouleversement politique. Les personnes qui tenaient à M. de Vichy par les liens du sang ou par ceux de l'amitié eurent lieu de regretter plus tard que cette vaillante femme ne fût pas restée plus ferme à son poste d'épouse aux yeux de la loi.

Voilà donc l'ancien aide de camp du comte de Précy en possession d'une magnifique fortune très-loyalement acquise puisqu'elle avait appartenu à ses ancêtres, et placé par sa naissance sur le chemin des honneurs. Son cousin l'évêque était en outre aumônier de Madame, duchesse d'Angoulême; les Lévis, les Damas, les la Guiche, les Chabannes et une foule d'autres, tous ses parents à divers degrés, occupaient de grandes positions à la cour, d'où il leur était facile de lui tendre la main. La bonne volonté ne leur manquait pas, et pour la rendre active ils ne demandaient au comte qu'une chose, qui était de prendre des goûts un peu plus conformes à son rang que ceux qu'il avait contractés pendant sa jeunesse abandonnée, et dont il n'avait pas eu le courage de se défaire depuis. Il avait non-seulement perdu l'usage du monde, mais encore l'extérieur d'un homme de bonne compagnie; il ne voyait avec plaisir que des subalternes ; il passait ses matinées dans les cafés de Marcigny, petite ville voisine de son château quasi royal de Monceau; enfin il empaillait toujours avec la fureur d'une passion nouvelle : comment dès lors essayer de faire de ce pauvre diable un pair du royaume ou un gentilhomme de la chambre? Toute la parenté y perdit son latin, et dans un accès d'impatience, l'évêque, qui avait la chose plus à cœur encore que tous les autres, lui dit un jour:

« Le roi a la prétention de connaître tous les auteurs qui ont écrit sur la vénerie; *Monsieur* aime la chasse en vrai grand seigneur d'autrefois : vous n'avez donc pas de meilleur parti à prendre, mon cher, pour peu que vous teniez à sortir de la position obscure où vous êtes, que d'acheter un équipage assez remarquable pour qu'on en parle beaucoup. Ce bruit ira jusqu'à la cour et peut-être cela suffira-t-il pour vous mettre en faveur. Le connétable de Luynes a dû sa grande fortune à son talent pour élever des pies-grièches; Dangeau, à sa facilité pour improviser de mauvais vers; Chamillard, à son adresse au billard; soyez donc chasseur renommé, c'est encore plus facile. »

Le comte de Vichy promit à haute voix de suivre le conseil, et tout bas il se dit que la chasse lui fournirait des sujets à empailler, et qu'elle ne l'empêcherait pas d'aller toujours de temps en temps au café à Marcigny.

Peu de semaines après, de Vendôme, où son régiment tenait garnison, il partit pour le Poitou et l'Anjou, en compagnie d'un de ses camarades, grand connaisseur en chiens, ce qu'il n'était pas lui-même. Il emportait une bourse bien bourrée d'or et il était décidé à ne reculer devant aucun sacrifice pour se procurer une meute dont son cousin l'évêque serait content.

Le hasard le servit à souhait. Dans l'espace d'un mois, il put rassembler quarante chiens d'élite enlevés à prix d'or aux douze meilleurs équipages de l'ouest. Ils appartenaient tous à cette fameuse race à poil dur, blanc orangé, qui a été longtemps célèbre et qui devrait l'être encore aujourd'hui.

En tête de cette bande respectable, que les badauds d'Angers virent défiler devant eux avec une admiration jalouse, marchait un certain Saint-Jean, Vendéen de pur sang aussi, ancien soldat intrépide des bandes de 1815, cavalier qu'aucun obstacle n'effrayait, tireur d'une habileté rare et venu au monde avec l'instinct de la chasse. Un veneur du pays l'avait cédé au gentilhomme bourguignon, après des pourparlers qui avaient duré presque aussi longtemps que les négociations relatives à l'achat des quarante chiens. De plus, le même veneur s'était défait en faveur de Saint-Jean, qu'il regardait à juste titre comme son élève, d'une grande diablesse de jument noire, née dans les brandes sauvages du Morbihan et appelée *madame Lucifer*, qui avait vu passer sous son ventre la moitié des formidables haies du Bocage, et dont la peau était si dure que la gaillarde ne faisait pas la moindre différence entre un champ d'ajoncs fourmillant d'épines, et une jeune taille émaillée de violettes et de pervenches. Il faut convenir que le comte de Vichy, pour un homme que la passion ne soutenait pas, avait fait largement les choses.

Le jour de la Saint-Hubert, l'équipage, installé depuis quelques semaines déjà dans les chenils restaurés de Monceau, faisait, devant une assistance nombreuse et cependant choisie, ses débuts dans les bois de Maulevrier, et ces débuts furent éclatants. Le soir, trois louvards et un grand loup traversèrent Marcigny sur un brancard orné de feuillage. Tous les quatre avaient été tués par Saint-Jean.

A partir de cette solennité, qui fit du bruit, le public de cette partie de la Bourgogne, où MM. Brosse et de Moreton jouissaient déjà d'une grand renommée comme veneurs, ne cessa plus de s'occuper de la meute poitevine et du piqueur vendéen du noble châtelain de Monceau. On ne voyait qu'eux dans les villages situés à proximité des grandes forêts de l'arrondissement de Charolles, l'un des mieux boisés du royaume. Dès qu'un paysan connaissait quelque part une bande de sangliers ou une portée de louveteaux, c'était le plus habituellement Saint-Jean qu'il allait prévenir, et quand celui-ci recevait un avertissement de cette nature, un quart d'heure après il avait enfourché Mme Lucifer, et, ses quarante chiens rangés derrière lui, il s'acheminait vers le lieu indiqué. Son maître ne l'accompagnait pas toujours, ce qui n'empêchait jamais les gens qui voyaient passer à travers leurs champs cette meute si belle, si bien portante, si fière dans son allure, de se dire les uns aux autres. « *Ah! voilà l'équipage de M. le comte de Vichy! C'est çà un fameux chasseur? S'il était grand louvetier, avant deux ans il n'y aurait plus une seule vermine en France.* » Et le plus souvent, pendant que ces propos, si flatteurs pour lui, circulaient de bouche en bouche, le comte était renfermé à double tour dans son cabinet de Monceau, où il empaillait, empaillait, empaillait.

Comme pays de chasse à courre, il existe, je crois, peu de contrées en France qui l'emportent sur le Charolais, au dire de tous les vrais connaisseurs. Il est presque aussi largement boisé et aussi heureusement accidenté que le Morvan ; mais les forêts y sont en général beaucoup mieux percées, les débuchers plus faciles, le sol en est infiniment meilleur pour les chiens et les chevaux, et il est en outre plus constamment giboyeux. Ainsi, par exemple, dans ces mêmes bois de Maulevrier, dont je viens de parler comme ayant été le théâtre des premiers exploits de l'équipage de M. de Vichy, en Bourgogne, il y a un canton où, pendant quatorze années consécutives, on a pu prendre chaque automne, dans un rayon de mille pas, une portée de louvards. J'ajouterai que sur ces quatorze victoires, il en faut porter neuf au compte de maître Saint-Jean, et j'expliquerai plus loin à quel procédé cet ambitieux et rusé compère avait recours pour réussir à devancer deux fois sur trois les autres veneurs du pays.

Jamais non plus les sangliers n'ont manqué complétement dans ces fortunés parages, et je sais qu'il en est encore de même aujourd'hui. Quant aux chevreuils, il suffit de vouloir bien résolûment en chasser un, pour trouver une voie de bon temps avec des chiens de haut nez. Avant la révolution, il n'était pas rare d'y rencontrer des cerfs sur les vastes domaines des bernardins de la Ferté, et j'ai raconté ailleurs que mon père en a forcé plus d'un chez les moines, dont l'abbé, « un cadet de la maison de Scorailles, » était fort de ses amis. On voit donc que Saint-Jean, en quittant l'Anjou pour le centre de la France, n'avait pas perdu au change.

II

Notre homme, — c'est de Saint-Jean que je veux parler, et non de son maître qu'il effaçait complétement, — n'avait pris la prodigieuse connaissance de la chasse qu'il possédait ni dans les auteurs qui ont traité et approfondi ce grave sujet, ni dans ses entretiens de vive voix avec les habiles veneurs de son temps et de son pays. Tout ce qu'il savait, et il savait beaucoup, il le devait d'abord à son merveilleux instinct, puis à la pratique à laquelle il s'était adonné de bonne heure, et enfin, aux exemples du sportman éleveur de chiens et de chevaux qui l'avait pris tout jeune à son service. Il résultait de cette éducation un peu primitive, et où l'action jouait un plus grand rôle que la théorie, que le rude Vendéen avait toujours eu un penchant irrésistible au braconnage, et que ce penchant s'était singulièrement accru avec les années sous le pauvre comte de Vichy, véritable Cassandre de vénerie, qui régnait peu et ne gouvernait pas du tout, à la façon des rois constitutionnels. Secondé par une aussi vaillante meute que celle qu'il avait ramenée du Poitou, Saint-Jean aurait pu sans peine forcer en sept ou huit heures les sangliers les plus robustes, ou prendre dans sa matinée sa portée de quatre ou cinq louveteaux déjà forts; mais c'était là une gloire beaucoup trop raffinée pour lui, et les triomphes faciles que l'on obtient avec le secours de *Fusilio* ont toujours été bien plus de son goût, chaque fois qu'il a pu le suivre librement. Dès qu'un animal était mis sur pied et que la chasse commençait à être rondement menée, le vieux Chouan lançait bride abattue à travers les gaulis et les fourrés, si impénétrables qu'ils fussent, l'intrépide Mme Lucifer, et par des *raccourcis* qu'il connaissait ou qu'il improvisait à la minute même avec une sagacité de sauvage, il arrivait aussi vite qu'un oiseau poussé par le vent au meilleur poste de la forêt. Bientôt on entendait un coup de fusil, rarement deux, et immédiatement une fanfare, laquelle était neuf fois sur dix l'hallali par terre, sonnée avec plus de vigueur de poumons que de talent de lèvres, et la chasse se trouvait terminée, au grand désespoir des autres veneurs présents, qui s'attendaient sans doute à de plus longues jouissances. Si c'était à des louvards que l'on avait affaire, on suppliait l'incorrigible tireur de ne pas recommencer la même plaisanterie. Il promettait monts et merveilles, allait attaquer de nouveau, peut-être avec la ferme résolution de tenir sa parole, et un quart d'heure après, souvent moins, la récidive avait lieu exactement de la même manière. Rien n'a jamais pu corriger Saint-Jean de cette rage meurtrière : il est mort dans l'impénitence finale.

Bien que le quartier général de la meute du comte Abel de Vichy fût à Monceau, il possédait un deuxième chenil magnifique dans sa belle maison de Marcigny, et un troisième plus modeste, qu'il avait fait construire sur la lisière de bois considérables, affermés par lui dans le département de l'Allier, le tout pour les menus plaisirs et la plus grande gloire de son piqueur, qui était en définitive le véritable maître. De ces trois points, l'équipage poitevin poussait des reconnaissances vers tous les lieux où l'on avait signalé des sangliers et des loups à son chef, et les reconnaissances se transformaient en séjours plus ou moins prolongés, si les renseignements donnés étaient exacts, et il arrivait rarement qu'ils ne le fussent pas d'une façon ou de l'autre.

Dans ces occasions-là, Saint-Jean s'établissait invariablement dans la meilleure auberge de l'endroit, buvait et offrait à tout venant le meilleur vin, mangeait les morceaux les plus délicats, cajolait la servante, laide ou jolie, propre ou non, tout comme eût fait son maître à sa place, mais avec plus de galanterie et de hardiesse peut-être, gouaillait les petits bourgeois du pays qui venaient lui offrir leurs services pour l'expédition du lendemain, et sous sa peau de bique rapée tranchait du grand seigneur avec une assurance qui ne se démentait jamais. Plus d'une fois il s'est entendu donner le titre de comte, tant il avait d'aplomb en jouant son rôle de maître d'équipage, ce qu'il était réellement, puisque le châtelain de Monceau ne prenait que très-rarement part aux prouesses de sa meute.

Un jour cependant, il est arrivé au comte Abel de tuer de sa main, et en présence de plusieurs personnes, un ragot de cent cinquante livres, très-solidement armé, et qui s'était passé la fantaisie de découdre une demi-douzaine de chiens à l'attaque. Soit que l'animal eût quelque chose de bizarre dans sa conformation, soit que le comte se fût imaginé qu'en donnant une certaine publicité à ce petit événement, le bruit s'en répandrait jusqu'à la cour, toujours est-il que trois semaines après, ledit ragot, magistralement empaillé par les soins de son vainqueur, partait pour le cabinet d'histoire naturelle du jardin des Plantes, où ceux de nos lecteurs qui doutent quelquefois de la véracité des écrivains cynégétiques peuvent encore le voir aujourd'hui dans une belle armoire vitrée.

C'est peut-être un fait unique dans les annales de la vénerie française, que la singularité de ce gentilhomme riche, désœuvré, d'une santé robuste, qui fuyait le monde, et qui, en dépensant chaque année une trentaine de mille francs pour l'entretien de son équipage, s'est acquis une renommée de veneur sans avoir jamais pris le moindre plaisir à la chasse.

Je viens de donner à entendre que Saint-Jean sonnait mal, et rien n'est plus vrai. Ses tons pour chiens, ses requêtés, ses appels et ses fanfares étaient, si j'ose m'exprimer ainsi, une sorte de baragouin presque inintelligible pour tous ceux qui n'en avaient pas la longue habitude. Quand on lui faisait quelque observation à cet égard, il ne manquait jamais de répondre en clignant malicieusement de l'œil : *Pourvu que mes toutous me comprennent, je n'en demande pas davantage, je suis un piqueur et non un musicien comme ceux qui ont appris la trompe chez les marchands de vin de Paris.* Aussi, dans les déplacements nombreux, ne fallait-il pas compter sur Saint-Jean pour faire sa partie dans les aubades du soir sous les fenêtres de l'auberge. Pendant que ses camarades s'époumonnaient à réjouir les oreilles de leurs maîtres, assis le dos au feu, le ventre à table, comme dit la chanson, il s'en allait rôder sournoisement autour du cabaret où se tenaient les braconniers du village, et il en rapportait chaque fois des renseignements utiles qu'il mettait à profit pour sa satisfaction personnelle quand le déplacement était terminé; car il avait encore cette bonne ruse de guerre d'arriver toujours le premier à un rendez-vous, et de n'en jamais partir que le dernier.

L'individualité la plus originale de la meute du comte de Vichy, après Saint-Jean, bien entendu, était un certain Nicanor, superbe chien sous poil tricolore au manteau fauve, tout à la fois limier et chien d'attaque pour le loup exclusivement. Tous les veneurs instruits et surtout pratiquants savent à quel point il est difficile de détourner un vieux loup, et combien il est rare de trouver dans la race canine un individu parfaitement propre à cette besogne délicate. Les meilleurs et les plus rompus au métier ont encore besoin d'être tour à tour dirigés, excités et contenus par l'homme qui les conduit. La moindre distraction, l'aboiement le plus faible, des mouvements trop brusques pour essayer de percer le fort malgré la volonté du valet de limier, un rien suffit pour donner l'éveil à l'animal défiant qu'on veut remettre, et alors il n'y a plus de chasse pour ce jour-là, à moins qu'on ne se résigne à rapprocher des heures entières avant de lancer. Avec Nicanor, il n'y avait aucune précaution à prendre, car à lui seul il en savait plus long que tous ceux pour lesquels il travaillait. Saint-Jean partait le matin, précédé par le brave limier, qui gambadait en liberté autour de lui, comme un chien d'arrêt que l'on mène en plaine. Dès qu'ils arrivaient au bois, le vieux poitevin humait fortement la brise à deux ou trois reprises différentes, après avoir eu le soin de nettoyer ses narines dans l'herbe baignée de la rosée de la nuit, puis il se coulait avec précaution dans le premier faux-fuyant qui s'offrait à sa vue, et bientôt on ne l'entendait pas plus qu'une couleuvre qui eût rampé sur de la mousse.

Saint-Jean continuait à cheminer tranquillement sans plus s'inquiéter de Nicanor que s'il l'avait laissé au chenil. Si le limier, au bout d'une demi-heure, temps nécessaire pour fouler une vaste enceinte, n'avait pas trouvé une voie bonne à donner à la meute, il revenait la tête basse et la queue entre les jambes, et le piqueur le conduisait dans une autre direction. Lorsque trois ou quatre tentatives de ce genre avaient été infructueuses, Saint-Jean gagnait le rendez-vous et annonçait qu'il n'y avait rien à faire ce jour-là. Si au contraire la quête de Nicanor s'était passée à sa satisfaction, le vaillant chien accourait tout joyeux, s'asseyait devant son maître et se mettait à rire, ce qui signifie qu'il lui montrait ses dents avec un air si content de lui qu'il n'y avait pas moyen de se tromper sur le résultat de son travail ; il avait une voie, et cette voie était excellente. Saint-Jean, au lieu de vérifier les choses par lui-même, s'en allait bien vite chercher sa meute, la découplait, et Nicanor, toujours riant, conduisait tout droit ses camarades sur le loup dont il avait eu connaissance. Je ne crois pas qu'on ait jamais rien vu de pareil, et plus de vingt veneurs, vivants encore aujourd'hui, peuvent attester ce fait vraiment extraordinaire.

Après ce qui précède, il serait presque superflu d'ajouter que Nicanor était un *garde-change* précieux. L'équipage du comte de Vichy chassait également bien le loup et le sanglier, mais Nicanor ne connaissait que ce premier animal, auquel il avait voué une de ces haines incorruptibles dont il n'y a plus d'exemple depuis que les Romains et les Carthaginois ont cessé de remplir le monde du bruit de leurs sanglantes querelles. A l'appui de cette assertion, je citerai un exemple, de préférence à beaucoup d'autres qui m'ont été contés, parce qu'il a eu pour témoin un de mes vieux compagnons de chasse en qui j'ai une confiance absolue.

Saint-Jean chassait un jour un grand loup dans les bois de Chevigny en Charollais, et comme c'était Nicanor qui le lui avait détourné le matin, c'était aussi le brave limier qui avait servi à mettre la meute sur la voie et qui en tenait la tête comme de coutume. L'assistance, peu nombreuse, car on était, je crois, en temps prohibé, ne se composait que de M. Jules Perret et de ses deux frères, tous trois ardents et fins chasseurs dont j'ai eu plus d'une fois l'occasion de citer les noms dans mes diverses études cynégétiques.

Le loup filait droit devant lui, sans trop se presser, comme un animal résolu qui a la conscience de sa force, et déjà notre braconnier piqueur s'était porté plus d'une fois sur son chemin pour tâcher de lui envoyer une balle au passage; mais, contre l'ordinaire, il était toujours arrivé au bon poste un peu trop tard, et seulement pour voir bondir sous ses yeux les chiens de queue de sa meute. Tout à coup la chasse parut rester stationnaire dans un épais fourré d'une vingtaine d'arpents, et cependant l'équipage faisait quatre fois plus de vacarme sans bouger de place qu'avant ce petit incident; en ce moment Saint-Jean et ses trois compagnons venaient de mettre pied à terre et de s'embusquer de nouveau pour tirer.

Comme ils n'étaient qu'à une cinquantaine de pas les uns des autres, ils eurent bientôt fait de se réunir pour se consulter.

« Il doit y avoir du change, dit Jules Perret, et ce que nous entendons signifie que c'est sur un grand sanglier qui ne veut pas quitter sa bauge.... Tes chiens hurlent au lieu de *cogner* comme tout à l'heure.

— C'est impossible qu'il y ait change, — repartit le piqueur, — puisque Nicanor donne toujours de la voix. Je croirais plutôt que notre loup a quelque vieille balle dans le corps qui le gêne, et que, ne pouvant plus courir, il fait tête à l'équipage.... Allons toujours savoir ce qu'il en est. »

On s'engagea dans le fourré, et malgré les obstacles sans nombre qu'il offrait, les quatre veneurs furent rendus en peu de minutes sur le théâtre de l'événement.

Jules Perret avait raison et Saint-Jean n'était pas dans son tort; c'est-à-dire qu'on ne pouvait plus douter du change pour la plus grande masse de l'équipage, mais que l'infaillible limier n'avait rien à se reprocher. Suivi d'une douzaine de vétérans qui n'avaient de confiance absolue qu'en lui, il continuait de mener vigoureusement son loup, et cette chasse était déjà loin.

Celle qu'on venait d'aborder était bien moins une chasse qu'un combat à outrance de vingt ou vingt-cinq chiens intrépides contre un sanglier monstrueux et exaspéré de fureur, qui semblait ne vouloir à aucun prix quitter sa bauge. Plusieurs victimes, et des plus illustres, comme il arrive toujours, gisaient sur le champ de bataille, les unes complétement privées de vie et les autres plus ou moins grièvement blessées. La lutte était dans son plus grand acharnement quand le renfort de cavaliers se présenta sur le terrain.

Le désespoir de Saint-Jean, quand il vit ses chers poitevins ainsi maltraités, fut tout à la fois terrible et touchant; car il pâlit de rage et pleura de douleur. Avec le coup d'œil sûr d'un vieux général qui a vu tout ce qu'on peut voir en fait de périls, il jugea en quelques secondes la situation, et, mettant pied à terre, il marcha, avec une intrépidité de lionne qui va défendre ses petits, il marcha, — dis-je, — droit au buisson épineux dans lequel le sanglier, prudent dans sa colère, se retirait après chacune de ses charges meurtrières sur la meute, et que cette dernière, si cruellement décimée qu'elle fût déjà, cernait toujours avec une constance vraiment héroïque.

Indifférent à sa sûreté personnelle, Saint-Jean avait saisi son fouet avant de songer à dégager de son fourreau de cuir la carabine à deux coups dont il ne se séparait jamais.

Il tenait donc le fouet dans la main droite et la carabine dans la gauche, preuve certaine que, pour cette fois, ce n'était pas le besoin de tirer qui le pressait le plus.

Ce fut d'abord du premier qu'il se servit pour mettre ses chiens derrière, et l'entreprise offrait d'autant plus de difficulté que c'était justement au tour de la meute, qui venait d'être repoussée, de reprendre l'offensive.

Toutefois il en vint à bout, mais alors il se trouva face à face avec le solitaire, qui lui lançait des regards furibonds et s'amusait, en attendant mieux, à nettoyer et à aiguiser ses défenses ensanglantées, dans la terre durcie qu'il piétinait depuis plus d'un quart d'heure.

Saint-Jean le coucha en joue, cherchant, à travers les rameaux pressés du buisson d'épines, l'œil ou le défaut de l'épaule du sanglier, afin de placer plus sûrement sa balle, car avec un gaillard comme celui-là il ne fallait pas s'exposer à manquer son coup.

Mais pendant qu'il visait, son adversaire fondit sur lui avec la rapidité d'un boulet, et, pris ainsi à l'improviste, notre Vendéen n'eut pas sa fermeté de main habituelle, puisque le solitaire en fut quitte cette fois pour la mâchoire inférieure fracassée. Ce n'était pas encore un ennemi à dédaigner, mais il cessait d'être dangereux, ses défenses n'ayant plus pour point d'appui qu'un os brisé.

Il n'en chargea pas moins le tireur, qui sauta de côté et le redoubla en plein travers. De ce second coup, il eut la colonne vertébrale cassée, de sorte qu'il tomba du train de derrière.

— A votre tour, messieurs! — cria Saint-Jean d'une voix altérée par les sanglots, car au milieu des émotions de la bataille il se disait que la mort du sanglier ne ressusciterait pas ses pauvres chiens qu'il aimait tant.

Les trois frères Perret firent un feu de file du haut de leurs chevaux, et l'animal trouble-fête tomba alors du train de devant.

Quand on l'examina, on découvrit qu'une ancienne blessure l'avait privé d'une de ses traces postérieures; de là sans doute sa répugnance bien naturelle à montrer autre chose que sa hure à des enragés comme les quarante poitevins du comte de Vichy.

Ainsi Nicanor, chien de tête intrépide, était tombé le premier sur la bauge d'un sanglier; il avait vu très-probablement les débuts d'une bataille bien séduisante pour un brave de sa trempe, et cependant il n'en avait pas moins persisté à suivre son loup avec autant de constance que si un simple lapin se fût levé sous son nez.

Ceci ne nous paraît pas moins prodigieux que de faire le bois tout seul.

Saint-Jean rentra tristement à Monceau, ramenant sur une charrette le terrible sanglier, autour duquel on avait rangé les morts et les blessés de sa façon, et MM. Perret rejoignirent la chasse conduite par Nicanor, qu'ils ne purent rompre qu'à une heure très-avancée de la soirée, sans avoir trouvé l'occasion de tirer le loup.

Cette comédie de Saint-Jean se faisant, sous le pseudonyme du comte Abel de Vichy, la réputation d'un grand veneur, réputation qu'il méritait du reste, cette comédie, — dis-je, — a duré près d'un quart de siècle, et la manière dont elle a fini n'est pas moins curieuse que ses commencements.

Par une belle soirée de septembre, un peu avant le coucher du soleil, le châtelain de Monceau, fidèle à ses habitudes *patriarcales*, était assis devant la porte d'un des cafés de Marcigny, en compagnie de quelques petits bourgeois de la ville, qui après l'avoir longtemps flatté à brûle-pourpoint, avaient enfin découvert qu'il était suffisamment bonhomme pour qu'on pût se permettre de le railler en face dans l'occasion.

On causait de la pluie et du beau temps, en fumant des cigares fournis par l'excellent comte, et en buvant de la bière qu'il devait payer, comme de coutume, quand soudain de joyeuses clameurs, au milieu desquelles dominaient des voix enfantines, retentirent à l'extrémité de la rue aboutissant à la place où le café était situé.

Mes lecteurs devinent déjà que l'attention des discoureurs fut à l'instant même détournée du sujet de leur entretien par ce bruit inaccoutumé, et que le chapitre des suppositions commença aussitôt.

Ce ne pouvait être une noce, puisque, dès le matin, elle ne s'était pas promenée par la ville, musique en tête.

C'était encore moins une mascarade, car on se trouvait dans une saison qui ne permettait pas ce genre de divertissement.

Après avoir formé diverses autres conjectures, nos fortes têtes s'arrêtèrent à l'idée, déjà pas mal subtile pour elles, de deux ou trois ours pelés et montés par autant de singes, et se dirigeant vers la grande place, pour y déployer leurs talents au son du fifre et du tambour. Cependant le *tu-tu boum-boum* de ces deux instruments ne s'était pas encore fait entendre.

Enfin, au bout de quelques minutes d'attente, on vit déboucher une nombreuse troupe de gamins, puis, derrière cette bruyante avant-garde, les trois frères Perret et maître Saint-Jean, tous les quatre à cheval. A la suite de cette cavalerie venait une charrette ornée de feuillage et entourée de quelques hommes armés de fusils.

L'équipage du châtelain de Monceau fermait la marche sous la conduite des deux valets de chiens.

Voici en quelques mots ce qui s'était passé.

Un très-grand et très-vieux sanglier était venu se remettre à peu de distance de la ville, et Saint-Jean, comme à l'ordinaire, prévenu le premier de cet heureux hasard, s'était hâté d'avertir son maître pour la forme, et MM. Perret pour avoir de bons auxiliaires. Les derniers seuls avaient répondu à l'appel, et M. de Vichy ne s'était dérangé de Monceau que pour aller boire sa bière et fumer sa pipe au bourg voisin.

Les plaisanteries de ses camarades de café augmentèrent le secret dépit que lui avait déjà causé l'entrée triomphale de son chef d'équipage. Il prit de l'humeur; les bourgeois ne l'en goguenardèrent que mieux; alors il quitta le café avec une sourde rage dans le cœur.

Le lendemain les chiens et les chevaux était vendus, et le Vendéen recevait son congé.

Le comte redevenait simple empailleur, sans avoir pu être ni pair de France ni gentilhomme de la chambre.

Si quelques-uns de mes lecteurs s'étonnent qu'il soit bien plus question de Saint-Jean que de M. de Vichy dans un récit en apparence consacré à ce dernier, je leur rappellerai que dans l'histoire de Louis XIII c'est toujours le cardinal de Richelieu qui occupe la scène.

III

J'ai déjà fait connaître superficiellement M. Charles Brosse aux lecteurs du *Sport*, en leur racontant, l'année dernière, l'histoire de son protégé *Cambronne*, ce vieux routier de loup qui ne se laissait jamais serrer de près, mais qu'on trouvait toujours sous sa main, pour tenir l'équipage en haleine, lorsque l'on n'avait rien de mieux à chasser; et de sa charmante louve *Love*, cette sauvage enfant des grands bois du Charollais, dont le cœur était aussi tendre que celui de la femme la plus aimante, et la mémoire aussi sûre que celle du chien le plus fidèle, rares et précieuses qualités qui n'empêchèrent pas son pauvre maître de la condamner un jour à mort comme une autre Iphigénie. Il ne s'agissait point cette fois d'apaiser le courroux des dieux en leur offrant en sacrifice une victime innocente; mais tout bourgeoisement de calmer les terreurs des habitantes du château de Cormatin, lesquelles répétaient du matin au soir à M. Brosse que les caresses passionnées de sa favorite se transformeraient tôt ou tard en coups de dents, au moment où l'on s'y attendrait le moins.

Ce n'était là qu'un des mille épisodes d'une des existences de veneurs les plus nobles et les mieux remplies que je connaisse.

Charles Brosse appartenait par son père et par sa mère à deux très-honorables familles de la grande bourgeoisie du Mâconnais, et comme il était très-bien de sa personne, hardi et élégant cavalier, il n'avait pas eu de peine à obtenir une commission d'officier d'état-major, pendant cette phase de l'empire où Napoléon ne se bornait pas à se servir de la conscription pour attirer dans les rangs de son armée toute la jeunesse énergique et distinguée de la France. En peu d'années il devint aide de camp du maréchal Suchet, avec lequel il resta en Espagne depuis la fin de 1808 jusqu'au commencement de 1814. A cette époque, Charles Brosse rentra dans la vie privée, se maria à la fille unique du général Lavaux, et reprit avec un redoublement d'ardeur un goût très-vif pour la chasse qu'il avait eu dès sa sortie de l'enfance, absolument comme ce brave capitaine Prevot dont je vous ai raconté tout récemment l'existence si simple et si héroïque à la fois.

Je ne reviendrai pas sur ce que j'ai dit de ma première rencontre avec Charles Brosse, à la foire de Châlon-sur-Saône, ce rendez-vous général de tous les veneurs de la Bourgogne; mais je ne saurais m'empêcher de *redire* que vers ce temps-là ce vaillant disciple de saint Hubert passait avec raison pour un des hommes les plus agréables qu'il fût possible de rencontrer. Son visage, d'un ovale un peu allongé, avait de la douceur et de la finesse; le regard était intelligent, mais parfois voilé d'une expression de mélancolie qui annonçait plus de souffrance physique que de véritable tristesse. Cette même disposition se retrouvait dans le son de la voix et dans l'habitude générale du corps, et partout où on la reconnaissait, elle contribuait à augmenter l'attrait sympathique qu'on ressentait tout d'abord pour Charles Brosse. Il était d'une taille au-dessus de la moyenne, très-mince et fort gracieux dans ses mouvements, tous empreints cependant d'une certaine langueur maladive. Dans l'armée impériale, où la race des héros était beaucoup moins rare que celle des bons, fins et hardis cavaliers[1], Charles Brosse avait

---

1. Constamment occupés à guerroyer, la plupart des officiers de l'Empire n'avaient pas eu le temps d'apprendre à monter à cheval. J'en ai connu qui ne savaient pas tenir leur bride, et dont les états de service étaient splendides.

encore trouvé le temps de perfectionner ses dispositions naturelles pour la belle et savante équitation de l'ancien régime. Il était donc devenu homme de cheval consommé, aussi bien pour la solidité que pour l'élégance, de sorte que quand il traversait une petite ville ou un village, si nombreux que fussent ses compagnons de chasse, c'était toujours lui que les regards de la foule suivaient le plus longtemps.

Cette physionomie mélancolique de Brosse, et cet alanguissement qu'on remarquait dans toute sa personne, hors, bien entendu, les cas où il était violemment surexcité par sa passion de veneur, avaient eu pour origine une de ces terribles inspirations de haine dont beaucoup de nos officiers ont été les victimes pendant cette cruelle et longue guerre de l'indépendance qui fit des Espagnols, justement indignés d'abord d'une agression déloyale, de véritables monstres de férocité. Dans un logement qu'il occupait à Murcie, la rage jalouse d'un mari clairvoyant ou la vengeance aveugle d'un patriote exaspéré avait mêlé un poison actif aux aliments du jeune capitaine d'état-major. La vie de celui-ci fut en grand péril durant un mois, et depuis sa santé ne s'était jamais complétement remise.

Une seule chose avait survécu à cette épreuve : je veux parler ici de l'énergie morale de Charles Brosse. Habituellement abattu pendant ces heures difficiles de repos forcé auquel sont condamnés les chasseurs les plus ardents, il n'y a jamais eu d'exemple qu'il se soit refusé de monter à cheval pour une partie improvisée sur l'heure ou arrangée d'avance, ni qu'il ait repris le chemin du logis tant qu'un chien donnait encore de la voix. A la maison il paraissait parfois ennuyé ou fatigué, mais en forêt son œil avait toujours la vivacité d'un entrain de bon aloi, et quand il y avait une résolution vigoureuse à prendre, il était excessivement rare que l'initiative ne vînt pas de lui.

Un calme inaltérable complétait cette organisation tout ensemble forte et délicate. Brosse, au dire de ceux qui ont le plus souvent chassé avec lui, ne s'abandonnait jamais à ces accès de colère auxquels presque tous les veneurs, qui sont fréquemment placés dans des situations violentes par la nature même de leurs plaisirs, se laissent aller si volontiers à la moindre contrariété qu'ils éprouvent. Les gros mots, les gestes menaçants et les vivacités qui vont jusqu'à l'oubli du savoir-vivre ne faisaient pas partie de ses habitudes. A le voir imperturbablement courtois et de complaisante humeur, on eût plutôt pensé que sa jeunesse s'était écoulée dans les plus élégants salons de Paris que sur les champs de bataille de la Péninsule ou dans les bois du Charollais et du Morvan. Toutefois nul ne savait mieux que lui conserver sa légitime influence de maître d'un grand équipage, ni obtenir plus de respect et d'obéissance de ses inférieurs, dont quelques-uns étaient cependant de terribles gaillards, comme j'aurai plus d'une fois l'occasion de le prouver dans le cours de cette notice cynégétique. Cette modération chez le veneur existait aussi chez l'homme privé, et personne n'en doutera, quand j'aurai ajouté que Charles Brosse, libéral très-exalté à une époque où les dissentiments politiques étaient encore passionnés, avait des amis dans les opinions les plus opposées à la sienne. Plus les hommes sont convaincus, et plus aisément ils comprennent qu'on ne partage pas leur manière de voir : il n'y a d'intolérants que les gens qui changent de parti par ambition ou par peur à chaque révolution nouvelle.

C'est au château de Cormatin, situé entre Tournus, Cluny et Mâcon, que Charles Brosse s'était établi lors de son mariage. Plus tard il en avait hérité de son beau-père, bien que sa femme fût morte avant ce dernier, sans laisser d'enfants. Hériter d'un beau-père dans des conditions semblables, est à mon avis un de ces événements rares qui équivalent au plus bel éloge qu'on puisse faire d'un homme.

Cormatin est un très-ancien château, dont l'extérieur est assez imposant, encore qu'il n'ait ni le caractère fier et sombre des vieilles demeures féodales du moyen âge, ni l'aspect gracieux des élégantes constructions de la Renaissance, d'où il est permis de conclure qu'il a été bâti entre ces deux époques. Placé sur un point élevé comparativement à la contrée qui l'environne, il voit se dérouler en pente douce devant lui une riante prairie, à l'extrémité de laquelle serpente la Grosne, petite rivière rapide, profonde et d'un beau vert d'émeraude, qui jouit dans le pays d'une certaine renommée pour l'excellence de son poisson. A l'ouest du manoir, qu'on croirait avoir été fait exprès pour servir d'habitation à un chasseur, s'étendent les bois giboyeux de Chapaize, et vers le nord la vaste forêt de la Ferté, ancienne propriété des Bernardins de ce nom. Ces deux masses boisées se relient à d'autres, jusqu'à la Saône du côté du levant, et jusqu'à la Loire du côté du couchant. Toutes sont en général bien percées, et s'élèvent sur un sol dont le parcours est presque partout facile, surtout si on les compare à l'Autunois, au Bourbonnais et au Morvan, qui les bornent plus au loin.

Dans cette retraite choisie, Charles Brosse s'était organisé un genre de vie que devraient envier tous les hommes que la Providence a doués de la saine passion de la chasse à courre. Il y était entouré, à quelques lieues de distance seulement, de veneurs aussi fervents que lui, et il y recevait toute l'année de nombreux amis venus de loin pour jouir de sa cordiale hospitalité. Rien n'était ni brillant ni bruyant dans sa demeure, mais tout y avait ce caractère solide et durable qu'on aime à rencontrer dans les lieux où l'on espère revenir souvent. Il va sans dire que c'était particulièrement pendant les beaux mois de l'automne que les réunions de Cormatin offraient le plus d'attraits aux véritables disciples de saint Hubert. On tenait à grand honneur d'y être convié, et quand on en revenait, on ne se faisait pas faute de s'en vanter à tout le monde.

Durant les premières années de son établissement à Cormatin, l'équipage de Charles Brosse se composait exclusivement de chiens de Poitou de la plus haute taille et des races les plus célèbres pour le loup et le sanglier. Ces superbes animaux, qui faisaient l'admiration de tous les connaisseurs, réunissaient le fond à une certaine vitesse, et étaient tous magnifiquement doués du côté de l'ampleur et de la portée de la voix, ensemble de qualités que les plus difficiles trouvaient suffisant, à une époque où le pur sang anglais ne se rencontrait encore que dans la vénerie royale et dans les équipages renommés de Chantilly. Charles Brosse, tout homme de progrès qu'il fût en politique, avait peu de goût pour les nouveautés en fait de chasse, bien que ses instincts contraires aux innovations n'eussent jamais l'aveuglement d'un parti pris. Ainsi, par exemple, la rapidité prodigieuse des meutes venues d'Angleterre ne lui semblait pas compatible avec la constante droiture dans la voie et le *beau bruit*, qui sont en définitive deux des plus vives jouissances du veneur bien organisé. Il s'en tenait donc à ses vieux poitevins, à l'aide desquels ses déplacements étaient une suite de triomphes non interrompus, et il ne prêtait qu'une oreille prudente à ceux de ses amis qui lui conseillaient de sacrifier à la mode du jour, dont la vogue commençait à se répandre dans les provinces les moins arriérées, et particulièrement en Bourgogne.

Mais les esprits calmes et justes ont cela de bon que quand la vérité se fait jour jusqu'à eux, ils cessent à l'instant même de la repousser d'une manière absolue, et ce fut aussi ce qui arriva à Charles Brosse. Quelques années avant la révolution de juillet, qui, par parenthèse, le jeta dans la Chambre des députés et l'enleva ainsi à la chasse, il s'en alla faire un voyage de plaisir de l'autre côté de la Manche. Il avait entrepris cette excursion en compagnie d'un ami, homme de chasse plus observateur que lui peut-être, et ils commencèrent par visiter deux ou trois de ces merveilleux équipages de souscription, que les Anglais auxquels leur fortune ne permet pas d'avoir une meute pour eux seuls, entretiennent à grands frais dans les comtés situés à peu de distance de Londres. Parmi toutes les curieuses nouveautés en ce genre qu'on leur montra, ils remarquèrent dans un de ces établissements, une réunion de *lices portières*[1] d'une beauté vrai-

---

1. Lices exclusivement consacrées à la reproduction.

ment idéale, qu'on me passe cette expression poétique appliquée à des chiennes, et aussitôt l'ami d'insinuer adroitement qu'avec deux de ces admirables bêtes, que l'on marierait à l'élite mâle des poitevins restés à Cormatin, on obtiendrait sans doute une race qui réunirait au plus haut degré le fond et l'extrême vitesse à une puissance de gorge tout à fait inconnue dans la Grande-Bretagne. Cette fois Charles Brosse, déjà à moitié convaincu par les formes irréprochables des charmantes insulaires, se prêta de bonne grâce à discuter les résultats de l'expérience, et quarante-huit heures après, il arrivait chez Morton, le célèbre pourvoyeur des chenils du duc de Bourbon, et il lui achetait au poids de l'or les deux plus beaux diamants de son écrin de bijoux à quatre pattes.

Les résultats dont je viens de parler ne se firent attendre que le temps strictement nécessaire pour leur réalisation, et ils surpassèrent toutes les espérances. Les élèves issus du mélange de deux sangs illustres ne laissèrent rien à désirer, et au bout de deux ans et demi il n'y eut plus que des métis dans l'équipage de Cormatin, qui n'avait présenté à aucune époque un plus bel ensemble. Ce fut à partir de ce moment que Charles Brosse put être rangé dans la catégorie fort restreinte des huit ou dix veneurs de France qui possèdent des meutes tout à fait hors ligne, pour l'excellence aussi bien que pour la beauté,

J'ai déjà dit que mon personnage ne chassait avec passion que les loups et les sangliers, mais je dois ajouter que, de son plein gré, il ne faisait jamais aux seconds l'honneur de laisser découpler sur eux que quand les premiers ne figuraient pas au rapport de son piqueur, ce qui n'arrivait que trop souvent, surtout depuis la mort du complaisant *Cambronne* dont j'ai raconté l'histoire. Si Charles Brosse l'eût osé, il aurait certainement suivi l'exemple de ces grands seigneurs polonais du siècle dernier qui, dans l'intérêt de leurs plaisirs, prenaient plus de soin pour multiplier les loups que les moutons dans leurs vastes domaines. Quand un paysan venait, en mars ou en avril, lui indiquer une portée de louveteaux, il commençait par lui donner une bonne somme pour sa découverte, puis il lui promettait que la somme serait doublée, triplée et même quadruplée si les jeunes bandits n'avaient pas été dérangés dans leur taillis natal jusqu'à la fin de septembre. On devine que de semblables propositions étaient toujours acceptées, et on sera peut-être curieux de savoir comment il advint une fois qu'elles ne le furent pas.

Voici le fait, tel qu'il est venu à ma connaissance d'une source parfaitement authentique.

Vers 1824 ou 1825, il existait dans le petit village de Saint-Martin en Bresse, entre Châlon-sur-Saône et Louhans, une vieille paysanne, longue, maigre, noire, affreusement édentée, véritable personnage des romans de Walter-Scott, qui n'avait pas d'autres moyens d'existence que les nombreuses primes que lui payait la préfecture de Saône-et-Loire pour tous les loups qu'elle détruisait chaque année dans le département. Cette malfaisante créature, — c'est ainsi que la nommait Charles Brosse dans ses accès de sourde rage contre elle,— cette malfaisante créature, que les veneurs bourguignons ont vouée pendant longtemps aux dieux infernaux, avait été douée par la nature d'un instinct merveilleux, un véritable instinct de Mohican, pour dénicher les animaux dont la capture était son unique ressource. Dès que la saison des secondes neiges arrivait, la grande Gargamelle, c'était son nom, se mettait en campagne, un sac de toile sur le dos et un bâton ferré à la main, par l'arrondissement de Châlon-sur-Saône; de là elle passait dans celui d'Autun, visitait ensuite ceux de Charolles et de Mâcon, et elle terminait par celui de Louhans, qui était le plus à sa portée. Dans cette première campagne, elle reconnaissait au pied toutes les louves pleines; elle étudiait rapidement leurs allures pour y trouver quelques indices des lieux où elles comptaient mettre bas, et elle gardait bonne mémoire des divers renseignements qu'elle parvenait à se procurer de cette manière. Entre le 15 avril et le 15 mai, alors que les petits loups commencent à se traîner dans les faux-fuyants qui aboutissent au liteau de feuilles sèches sur lequel ils sont nés, et que leur mère, plus affamée et plus confiante, les quitte quelquefois pour s'en aller rôder autour des hameaux éloignés, la grande Gargamelle refaisait toute sa tournée du milieu de l'hiver, et sur quinze ou vingt portées dont elle soupçonnait l'existence, il était rare qu'elle n'en ramassât pas les deux tiers. Elle étranglait sans pitié ces victimes encore innocentes, leur coupait la queue, les pattes et les oreilles, qu'elle enfouissait dans son sac de toile, et le pied aussi léger que la conscience, elle courait régler son compte avec l'autorité compétente la plus rapprochée du lieu où elle se trouvait.

Il y avait déjà quelque temps que ce commerce licite et pourtant abominable durait, lorsque les principaux veneurs bourguignons, qui voyaient diminuer chaque automne le total de leurs plus exquises jouissances sans savoir à quoi attribuer ce déchet désastreux, entendirent parler vaguement de l'industrie de la grande Gargamelle.

On organisa autour d'elle un vaste système d'espionnage qui fit d'abord connaître les époques fixes de ses *razzias*: le plus difficile était accompli. On mit, au moment indiqué, du monde à ses trousses, et par un beau jour de printemps, qu'elle rôdait dans la forêt de Maulevrier, Saint-Jean, du comte Abel de Vichy, la prit en flagrant délit, c'est-à-dire augmentant sa provision de queues, de pattes et d'oreilles. Le rusé compère, au lieu de conduire sa capture à son maître, dont il n'avait que trop souvent expérimenté l'indifférence en matière de chasse, la mena tout droit au château de Cormatin. Le vieux chouan, qui n'y allait jamais de main morte, a plus d'une fois conté que, passant avec sa prise sur la chaussée d'un étang profond et vaseux, il avait été fortement tenté de faire prendre à la grande Gargamelle son dernier bain, lequel aurait été probablement aussi le premier.

Si l'illustre veneur eût été un baron du moyen âge, il se serait sans doute passé la fantaisie de plonger sa prisonnière au fond d'une des oubliettes de Cormatin ; mais comme il était avant tout l'homme de son époque et qu'il avait été élevé dans les principes les plus purs du libéralisme constitutionnel, il aima mieux essayer l'emploi de la corruption.

« C'est donc vous, la mère, qui détruisez tous nos loups? — dit-il à la grande Gargamelle, quand celle-ci se trouva en sa présence et que Saint-Jean les eut laissés en tête à tête.

— Ma fine oui, mon bon monsieur, — répondit-elle, — et je ne crois pas faire tort à personne en me comportant ainsi.... C'est des *chétites* bêtes qui ravagent bien le pauvre monde.

— Mais vous n'ignorez pas qu'il y a des louvetiers pour les détruire?

— Quand ils sont tout venus, mon bon monsieur;

et en attendant il faut que le père et la mère les nourrissent avec des oies, des canards et des cochons de lait, et c'est le métayer, au respect de vous, qui paye tout ça.

— Écoutez, ma bonne vieille, — reprit Charles Brosse de sa voix la plus insinuante, — comme vous avez peut-être raison dans ce que vous dites, je ne veux pas discuter avec vous.... Combien peut vous rapporter bon an mal an le métier que vous faites?

— Un cent d'écus environ.

— Eh bien ! je vous en assure le double, si vous voulez me promettre de vous tenir tranquille à l'avenir. Songez que vous n'êtes plus jeune, et qu'à la première infirmité qui vous viendra, ce repos, que j'offre de vous payer, ne vous donnera que de la misère.

— Ah! je vous remercie bien, mon bon monsieur; mais s'il me fallait renoncer au loup, je serais trop tôt morte.... Vous me proposeriez des mille et des cents, que je vous dirais toujours nenni. »

Charles Brosse ne se découragea pas immédiatement, mais de quelque façon qu'il s'y prit, il ne put rien obtenir : la passion de la grande Gargamelle était incorruptible.

Heureusement elle était vieille, et la mort fit ce que n'avait pu faire l'argent de messieurs les veneurs du Charollais, dont le plus aimé d'entre eux avait été l'interprète dans cette circonstance.

Grâce à cette mort, les loups avaient si bien multiplié dès 1829, que vers le milieu de l'automne de cette même année, Charles Brosse et le comte César de Moreton en prirent vingt-huit, tous grands comme père et mère, dans un déplacement de moins de trois semaines.

Toute la Bourgogne chassante conserve encore le souvenir de cette mémorable campagne.

Partis de Cormatin le 1ᵉʳ novembre, les deux équipages réunis parcoururent successivement toute la Bresse jusqu'à la lisière du Jura, les belles forêts qui avoisinent Châlon-sur-Saône du côté du nord, celles de l'Autunois, et ils ne s'arrêtèrent qu'en plein Morvan, où se fit la clôture de cette Saint-Hubert à nulle autre pareille. Un temps magnifique favorisa constamment l'expédition, à laquelle prirent part toutes les illustrations cynégétiques de la province. Ce fut pendant sa durée que les anglo-poitevins de Charles Brosse montrèrent pour la première fois d'une façon incontestable leur supériorité sur les chiens français et les anglais de race pure: le problème de la possibilité de l'alliance du *beau bruit* avec la vitesse se trouva alors définitivement résolu dans le sens affirmatif le plus large.

Charles Brosse, pendant les trois années qu'il vécut encore, eut le bon esprit de ne pas chercher à perfectionner davantage ce qu'il regardait à bon droit comme la perfection. Jusqu'à la fin, son équipage est resté le plus élégant, le plus droit, le plus robuste et le plus criant qu'on eût sans contredit vu jusqu'à cette époque. Après lui, son système a trouvé de nombreux contrefacteurs, qui malheureusement ne l'ont pas imité dans sa sagesse. Nous allons maintenant le suivre dans quelques-unes de ses chasses et parler du personnel de sa vénerie ; l'expression n'est pas exagérée pour un homme de chasse de cette importance.

IV

Si l'on excepte le marquis de Mac-Mahon, dont la grande renommée a commencé justement dans l'année où Charles Brosse est mort, aucun veneur bourguignon, parmi les nomades, n'a jamais fait de déplacements aussi bien organisés, aussi lointains et aussi longs que le châtelain de Cormatin, qui avait établi dans ses habitudes de chasseur à courre une régularité à laquelle il est resté fidèle jusqu'au jour où la politique est venue absorber une grande partie de son temps.

Quand, au début de chaque campagne, c'est-à-dire vers le milieu d'octobre, il avait parcouru tout son Charollais, tantôt en compagnie de ses voisins Abel de Vichy et César de Moreton, et tantôt seul avec son piqueur et ses valets de chiens, il exécutait sa tournée de Bresse, pour ramasser les quelques louvards échappés aux razzias de la grande Gargamelle, après quoi il passait la Saône au bac de Chauvore et venait s'établir pour une bonne halte de huit ou dix jours chez M. Deplace, propriétaire de l'ancienne abbaye de Maizière. Là il se trouvait à la portée de ces admirables bois de Demigny, de Gergy et de Lessard, si giboyeux alors, si bien percés et d'une sonorité si merveilleuse, véritable paradis terrestre des disciples de saint Hubert en un mot.

C'est là que j'ai vu le plus souvent Charles Brosse à l'œuvre ; là que j'ai pu admirer en maintes circonstances ses rares qualités de maître d'équipage, et me laisser prendre au charme de ses agréments d'homme du monde accompli. A Demigny, de même qu'à Gergy et à Lessard, les loups n'étaient pas très-communs à l'époque dont je parle, mais les sangliers n'y manquaient jamais, et quoique ce ne fût pas, ainsi que je l'ai déjà dit, le gibier préféré de Charles Brosse, celui-ci ne venait nulle part avec autant de plaisir qu'à Maizière, dont l'hospitalité était plus cordiale que fastueuse, et où il savait d'avance qu'il rencontrerait certains compagnons de chasse pour lesquels il avait une prédilection toute particulière. Au nombre de ces derniers, je citerai son ami Jules Perret, alors sous-préfet de Beaune, qui a été pendant vingt-cinq ans l'indispensable organisateur de toutes les expéditions cynégétiques importantes qui se sont accomplies entre la Saône et la Loire, d'abord sous la dictature Brosse et plus tard sous la dynastie Mac-Mahon.

Je garderai toujours le souvenir des joyeux rendez-vous du matin de cet heureux temps, rendez-vous qui avaient alternativement lieu sur la chaussée du magnifique étang de Baignant, au pied du chêne *égraffiné* et à ma ferme si mélancolique de Beauregard, avec son petit lac au nord et sa sombre futaie au midi. Le second de ces endroits était surtout remarquable par sa situation au centre des vastes cantons de bois qui séparent la route de Châlon à Beaune de celle de Beaune à Verdun. J'ai vu, dans ma toute petite jeunesse, ce chêne, qui devait son sobriquet bizarre à une ancienne tradition du pays, laquelle disait que tous les loups des environs venaient s'y *déchausser* à leur retour du carnage; je l'ai vu, — dis-je, — vieillard majestueux, étendant au loin ses rameaux robustes encore, puis tronc desséché et creux où les frelons s'établissaient à chaque printemps, ensuite bloc informe qui nous servait de banc pour attendre, plus à notre aise, le cigare à la bouche, les valets de limiers en quête, et enfin large ligne de poussière noirâtre que sillonnaient des myriades de fourmis affairées. Mais alors s'élevait tout à côté de lui un autre chêne jeune et déjà superbe, qui avait hérité de son nom, qu'il transmettra sans doute à son tour à quelque arbre géant, aujourd'hui peut-être modeste baliveau. Mes lecteurs ont probablement compris qu'*égraffiné* est la corruption du mot *égrafigné*. Il ne me reste donc qu'à ajouter que c'est ainsi qu'on le trouve écrit dans le glossaire bourguignon de La Monnoye.

Plusieurs routes très-larges et parfaitement droites aboutissaient, je pense qu'il en est encore de même aujourd'hui, à ce chêne, de sorte que les veneurs qui s'y rassemblaient pouvaient sans difficulté plonger leurs regards dans diverses directions et guetter ainsi le retour des gens envoyés à la découverte dès le point du jour. Aussitôt qu'il en paraissait un dans l'éloignement, et qu'on l'avait reconnu, on cherchait à deviner, dans sa démarche d'abord, et plus tard dans l'expression triste ou gaie de sa physionomie, le résultat satisfaisant ou nul de ses opérations de la matinée. Ces instants d'incertitude avaient bien aussi leur charme, car pour les natures fortement trempées, le doute ajoute toujours du prix aux jouissances qui lui succèdent.

Pendant les déplacements de Maizière, les hommes attachés au service de Charles Brosse allaient rarement faire le bois eux-mêmes, le soin de cette importante besogne étant dévolu de longue date à mes deux gardes Henry et Rémondey, qui s'en acquittaient à la satisfaction générale. De loin en loin seulement, et par égard pour une renommée autrefois célèbre, on leur adjoignait le vieux Denis, ce Nestor hâbleur des piqueurs bourguignons ; mais bien que les rapports de ce dernier survivant de la savante vénerie du dix-huitième siècle se distinguassent toujours par une grande élégance de forme, fort instructive pour ses jeunes confrères, ils se terminaient invariablement par cette phrase : *Et malgré tant de pas et de démarches, messieurs, je n'ai absolument connaissance dans toute ma quête que d'une voie de loup de très-vieux temps.* Denis, qui, à l'entendre, venait de parcourir dans tous les sens deux ou trois mille arpents, arrivait en définitive tout droit de sa demeure, et il avait fait le trajet monté sur son cheval Bijou, devant lequel gambadait en liberté son limier Finot.

J'ai connu deux piqueurs à Charles Brosse pendant les sept ou huit années qu'ont duré nos relations : un certain mulâtre nommé Morico, et son fameux Pierre, que j'ai ensuite retrouvé au service de M. Dromaret qui n'a pu le garder longtemps, car c'était une nature d'homme tout à fait indomptable, que son premier maître n'avait pu discipliner à peu près qu'à grand peine. Quant à Morico, véritable Figaro nègre, j'ai vu un très-petit nombre d'individus aussi heureusement doués. Il était tout ensemble excellent piqueur, valet de chambre intelligent et de bonne volonté, parfait cuisinier et cocher fort habile. Avec tant de talents précieux, il aurait pu avoir une carrière de domestique brillante et douce à la fois, et cependant bien peu d'existences ont été plus vagabondes et plus misérables que la sienne, par suite d'un invincible penchant à l'ivrognerie dont rien n'a jamais pu calmer la violence.

Il y a bien peu de châteaux dans l'Autunois, le Morvan et le Charollais où Morico n'ait servi dans une fonction ou dans une autre, et en dépit de son horrible défaut, qui paralysait sans cesse ses nombreux talents, plusieurs de ses maîtres, touchés de son repentir et confiants dans ses promesses, l'ont repris jusqu'à sept ou huit fois dans l'espace de quelques années. A ma connaissance, quand je l'ai vu à la tête de l'équipage de Charles Brosse, il venait de lasser définitivement et successivement la longanimité des Vitry et des Pracomtal, qui, depuis 1818, se le renvoyaient tous les trois ou quatre mois, et n'avaient pu se résoudre à se priver de son universalité, qu'après avoir eu d'innombrables preuves qu'il mourrait dans l'impénitence finale. Brosse ne l'avait recueilli d'abord que provisoirement et en quelque sorte par charité, avec la condition expresse qu'il n'aurait pas chez lui d'emploi bien déterminé, mais que, selon les circonstances et les nécessités, il remplacerait au besoin le piqueur, le valet de chambre, le cuisinier ou les gens de l'écurie. Morico, qui avait cette vanité excessive de tous les hommes de couleur à demi civilisés, ne tarda pas à s'exagérer l'importance de sa position, bien qu'il ne fût en définitive qu'un *bouche-trou*. Il en résulta que pendant un certain temps il sembla avoir si bien renoncé à sa passion pour le *jus de la treille*, que Brosse, le croyant, malgré le proverbe, corrigé pour toujours, se décida à lui confier la direction de sa meute, sous sa surveillance personnelle, bien entendu. Ce fut la fin de la tempérance passagère de Morico, car, s'étant cru obligé d'aller au cabaret, pour célébrer, en compagnie de ses valets de chiens, son élévation au poste de piqueur en chef du meilleur équipage de tout le Charollais, il s'y grisa si bien une première fois, qu'il ne lui resta pas assez de raison pour comprendre qu'il serait sage à lui de ne point recommencer le lendemain. Cela dura une semaine, et tout justement dans une saison où son maître avait le plus besoin de ses services. Brosse, si calme qu'il fût d'habitude, se lassa à la fin de son indulgence, et un matin en pleine forêt, que Morico ne pouvait pas se tenir sur son cheval, il lui fit mettre pied à terre, lui ordonna de déposer sa trompe, son couteau de chasse et sa carabine, et il le chassa avec la défense de jamais reparaître devant lui.

Le mulâtre s'enfonça en chancelant et en trébuchant dans un taillis, et toutes les personnes présentes à cette scène restèrent convaincues qu'on ne le reverrait plus.

Au retour, Brosse s'assit à sa table pour dîner, distrait, contrarié et assez inquiet de savoir comment il remplacerait du soir au lendemain son ivrogne mis brusquement à la porte.

Il eut besoin d'une assiette, et en la prenant il s'aperçut que c'était la main noire de Morico qui la lui présentait avec un léger tremblement.

« Comment! tu oses encore te montrer, misérable drôle! — s'écria-t-il.

— Mon bon maître, — répondit le pauvre diable en tombant à genoux, les yeux inondés de larmes, — vous m'avez renvoyé comme piqueur, c'est vrai, mais pas comme domestique; ensuite, si j'ai reçu la défense de paraître devant vous, j'ai eu bien soin de me placer derrière votre chaise. »

Brosse se mit à rire : il était désarmé. Toutefois il ne rendit pas au coupable sa trompe, et il se borna à lui permettre d'avoir deux fois par jour une serviette sous le bras.

Ce pardon fut suivi de beaucoup d'autres : car le maître était d'une inépuisable bonté, et le serviteur possédait au plus haut degré le don des larmes et l'art de savoir en user à propos.

Même dans les plus fameux assauts de trompes auxquels j'ai assisté à Paris, je n'ai pas entendu sonner avec autant de finesse, de vigueur et d'élégance que Morico. Toutes ses notes se succédaient pleines et légères à la fois, et jamais un ton douteux ne venait crisper le tympan du plus délicat de ses auditeurs. A cheval et au grand galop, sautant les haies et les fossés, sa manière franche conservait toujours la même justesse et le même éclat : on eût dit que son embouchure était soudée à ses lèvres. Il connaissait la chasse à fond, conduisait sa meute avec une expérience consommée, montait à cheval avec autant de solidité que de hardiesse, mais il avait un inconvénient grave pour un piqueur, c'était que lorsque un sanglier tenait les abois, il n'y avait ni menaces ni promesses qui pussent le déterminer à pénétrer dans le fort. Il trépignait de rage, pleurait de désespoir, s'arrachait les cheveux, ce qui n'empêchait point qu'il eût plutôt laissé éventrer et découdre ses chiens, les uns après les autres, jusqu'au dernier, que d'aller à leur secours au risque de recevoir une estafilade dans sa peau bronzée. A une Saint-Hubert, au château du Pignon-Blanc, en 1819 je crois, j'ai été témoin d'une scène de ce genre, et de ma vie je n'ai rien vu d'aussi honteusement comique que la frayeur de ce gaillard bien découplé et bien bâti, doué d'une agilité de singe, qui tremblait comme la feuille à l'idée d'aborder, un fusil double à la main et un couteau de chasse sur la hanche, un ragot de mauvaise humeur. Ce fut le marquis de Vitry, son maître, qui se chargea de la besogne et s'en acquitta à merveille.

Personne, à ma connaissance, n'a su d'une manière

positive comment et à quelle époque Morico avait fini. Vu sa poltronnerie, qui lui faisait tourner le dos à tous les périls, ce qu'il y a de plus probable, c'est que, traversant le soir, avec force zigzags et la vue un peu trouble, la chaussée de quelque étang, il aura piqué une tête au fond de l'eau et se sera noyé enseveli sous la vase. Triste dénoûment pour une existence d'ivrogne.

Pierre, le successeur du mulâtre, était un petit homme noireau, à la chevelure rude et bouclée très-près de la tête comme la laine d'un agneau, ce qu'il n'était guère cependant; qui avait fait son apprentissage sous un nommé Charrier, piqueur en chef chez M. Brière d'Azy, un très-illustre chasseur de loups du Nivernais. C'est de là qu'il était entré au service de Charles Brosse, muni de ces recommandations de connaisseurs consciencieux qui préviennent toujours favorablement un nouveau maître.

Il s'en fallait de beaucoup que Pierre fût aussi excellente trompe que le mulâtre, mais il l'égalait au moins comme cavalier, et dans les instants critiques de certains hallalis, il était aussi intrépide que l'autre se montrait invariablement poltron en pareil cas; on peut dire que comme piqueur rien d'essentiel ne lui manquait, et qu'à beaucoup d'égards il était supérieur à presque tous ses contemporains.

Il n'y avait pas de fort, si épais, si épineux et

d'un abord si difficile qu'il fût, dans lequel Pierre ne se jetât avec résolution, non-seulement quand ses chiens avaient besoin d'être excités ou défendus, mais encore lorsqu'il s'agissait tout simplement de couper au court pour gagner les devants de la chasse afin d'étudier les manœuvres du gibier. Si un loup, serré de trop près sous bois, se décidait à prendre la plaine, pour essayer de fatiguer la meute plus vite, Pierre finissait toujours par le rejoindre avant la fin de son débucher, et il lui est arrivé plus d'une fois, galopant côte à côte, chacun dans son sillon, de rouler la bête d'un coup de fusil du haut de son cheval. Il devinait les refaites avec un merveilleux instinct, et son *flair*, aussi exquis que celui du plus fin limier, lui indiquait l'endroit où l'animal était rentré. Aussi, quoiqu'il eût d'assez graves inconvénients de caractère, Charles Brosse ne se serait-il séparé de lui pour rien au monde, et j'ai de fortes raisons de croire que ses gages de piqueur, joints à ses profits de lieutenant d'un louvetier heureux, équivalaient au traitement d'un fonctionnaire de second ordre. De tous les chefs d'équipage que j'ai connus, c'est le seul dont le vieux Denis disait sans se faire prier, qu'il n'avait pas son pareil. Parfois même, lorsqu'il était en humeur de goguenarder, il ajoutait : *Ce gaillard-là doit être mon fils.... J'ai fréquenté tant de femmes de chambre de bonne maison dans ma jeunesse !*

Pierre, à l'époque où j'avais quelquefois l'occasion de chasser avec lui, montait presque toujours un robuste *courtaud* charolais nommé Sans-Chagrin, qui, de même que son maître, n'était jamais fatigué. Notre homme a suivi un jour une vieille louve pendant vingt lieues sur cette vigoureuse monture, et dans une autre circonstance, où tous les veneurs furent obligés de relayer ou de s'en revenir au logis, traînant leurs chevaux par la figure, Sans-Chagrin a suffi à Pierre pour prendre successivement cinq louvards, tous grands et forts comme père et mère, car on était alors au milieu de novembre.

Je vais raconter maintenant la plus jolie, à mon point de vue personnel, de toutes les chasses que j'aie faites avec Charles Brosse et Pierre. A cette époque l'équipage poitevin avait été déjà rajeuni par le croisement anglais, et il n'était plus question depuis longtemps du pauvre Morico.

Nous avions attaqué par une belle matinée de septembre, dans la pièce du Gros-Tilleul des bois de Gergy, une énorme laie très-maigre, mais légère comme un dix-cors jeunement, et aussi infatigable qu'un grand loup, qui, pendant dix heures, déploya un talent tout à fait extraordinaire dans l'art d'éviter chaque poste où elle supposait qu'il y eût un tireur embusqué pour l'attendre, et les fantassins adroits et avisés étaient nombreux ce jour-là. Cette diable de bête nous promena, depuis neuf heures du matin jusqu'au soleil couchant, de l'est à l'ouest de la vaste masse boisée dont j'ai parlé plus haut, sans recevoir une balle et sans se retourner une seule fois pour bourrer les chiens et essayer de les ralentir un peu. A chaque instant les tireurs se déplaçaient, afin de se trouver sur son chemin à un de ses retours, et toujours elle passait dans les endroits qu'ils venaient de quitter dans l'espoir d'être plus heureux ailleurs. Vers le soir, elle avait fini par prendre une avance considérable sur l'équipage, qui commençait à la poursuivre avec une certaine mollesse, et déjà nous songions avec tristesse à la perspective d'une *bredouille* complète lorsque nous entendîmes un coup de fusil dans la direction où les chiens donnaient encore de la voix. Nous courûmes bien vite de ce côté, et nous trouvâmes Charles Brosse qui avait changé nos craintes en un succès de plus. Arrêté sous une futaie épaisse pour écouter le parti que prenait la chasse, il avait aperçu la laie qui passait avec la rapidité d'une ombre à une centaine de pas de lui. Sans mettre pied à terre, il s'était hâté d'ajuster un espace vide entre deux chênes, et au moment où la hure de la bête allait paraître, il avait pressé la détente et sa balle était arrivée à temps au bon endroit. Peu de coups de fusil ont été aussi heureux que celui-là; mais pour ceux d'entre nous qui connaissaient l'adresse habituelle du tireur, il ne parut pas qu'il fût le résultat d'un hasard.

Comme l'élément dramatique manque complétement à cette chasse, il est probable qu'elle n'impressionnera pas vivement la généralité de mes lecteurs; mais les veneurs, vivants encore aujourd'hui, qui ont eu la bonne chance d'y prendre une part active ne sauraient en perdre le souvenir; car, pendant une journée entière, journée d'automne calme et sereine, la ravissante musique de l'équipage n'a pas cessé un seul instant de se faire entendre, et ce sont là de ces coups de fortune dont les chasseurs qui ont vu le plus de choses dans leur vie sont rarement favorisés.

C'est au mois de mai 1832 que j'ai vu Charles Brosse pour la dernière fois. Le choléra régnait à Paris dans sa plus grande violence, et l'état politique n'était pas plus brillant que l'état sanitaire. Nous nous rencontrâmes devant le petit perron du café Tortoni, et je fus frappé de l'altération du visage et du changement de la voix de mon ancien compagnon. Les paroles qu'il prononçait semblaient déjà sortir du fond d'un sépulcre, et elles étaient tristes et solennelles comme la mort elle-même. Brosse désespérait de l'avenir de la révolution, qu'il confondait avec l'avenir de la France. Quarante-huit heures après, il était à son tour victime du fléau régnant, et je suivais son convoi au milieu d'une vingtaine de membres de l'extrême gauche de la Chambre des députés. Ils y représentaient cette jeune vieillerie qu'on appelait alors le libéralisme, et moi cette vieillerie toujours jeune qui se nomme **LA CHASSE** depuis Nemrod et par delà.

V

Je vais aborder maintenant la troisième illustration de ma trinité de veneurs du Charolais. Celle-là existe encore à l'heure où j'écris ces lignes, ce qui ne me gênera en aucune façon pour parler d'elle, attendu que je n'ai que du bien à en dire. L'épigramme d'ailleurs ne se présente jamais d'elle-même au bout de ma plume quand je raconte les faits et gestes de ces anciens compagnons de chasse que j'ai le droit de regarder, en quelque sorte, comme de vieux amis.

César de Moreton était le frère cadet du marquis de Chabrillant que nous avons vu pair de France sous le règne du roi Louis-Philippe, et le beau-frère du général comte de Thiars qui a joué aussi un certain rôle politique depuis l'émigration jusqu'après la révolution avortée de 1848. Ce grand seigneur devenu démocrate a été successivement, et dans l'espace d'un peu plus de la moitié d'un siècle, aide de camp du duc d'Enghien à l'armée de Condé, chambellan de l'empereur Napoléon Ier, qui le chargeait quelquefois de ces missions diplomatiques que l'on ne donne pas aux ambassadeurs accrédités, membre de la Chambre élective, et dans l'opposition la plus avancée durant près de trente ans, et enfin ministre plénipotentiaire de notre seconde république auprès de la Confédération suisse.

J'entre dans tous ces détails, complétement étrangers du reste à mon sujet, pour arriver à dire avec autorité que César de Moreton, entre le frère et le beau-frère que la Providence lui avait donnés, a eu un certain mérite à ne vouloir être toute sa vie que ce que la nature et le hasard l'avaient fait : ce qui signifie, selon ma pensée, un fort bon gentilhomme, un garçon d'infiniment d'esprit et un philosophe pratique rempli de jugement, qui a compris de bonne heure que l'ambition ne satisfaisait souvent l'orgueil qu'aux dépens de la conscience et plus souvent encore au prix du bonheur. Voué dès sa jeunesse au culte de saint Hubert, il n'a jamais eu à subir l'ingratitude des souverains ou des partis, les railleries des journaux et les blâmes amers des gens de sa caste. Aussi, grâce à la force et à l'indépendance d'esprit que lui donnait sa profonde indifférence pour les vaines grandeurs de ce monde, n'a-t-il que bien rarement hésité à dire aux siens ce qu'il était mieux qu'un autre en droit de penser de leur conduite politique. Caractère exceptionnel qui, pour tenir beaucoup plus du baron des temps à demi sauvages de la féodalité que du courtisan de l'*Œil-de-Bœuf*, n'en avait que plus, et dans la bonne acception du mot, son côté chevaleresque très-prononcé. On aura beau dire, mais c'est quelque chose, à l'époque où nous vivons, d'être arrivé à la vieillesse sans avoir troublé son pays par des opinions hostiles, ou déshonoré son écu par des complaisances intéressées.

Froissé dans ses sentiments, d'autres disent dans ses intérêts de fortune, César de Moreton s'était arrangé, très-jeune encore, une existence tout à fait à part de celle de sa famille. Possesseur d'une vaste propriété joignant la magnifique terre de Digoine qui appartenait à son frère aîné, il avait fini par se bâtir dans ce voisinage, dont il ne profitait guère, un petit château moderne où il passait tout son temps, à l'exception de ses déplacements de chasse et de quelques rares et courts voyages à Paris.

J'ai séjourné une fois pendant une semaine entière dans ce jeune castel qui s'élevait à moins d'un quart de lieue de l'antique demeure de la maison de Chabrillant, et je peux dire que j'y ai reçu, en compagnie de nombreux camarades, la véritable hospitalité du bon vieux temps dans toute sa franchise un peu rude mais cordiale. Les grosses poignées de main y étaient plus en usage que les compliments du bout des lèvres, et l'abondance solide s'y montrait plus souvent que le luxe délicat. Mais n'était-ce pas là une manière de flatter de vrais chasseurs, pour qui l'élégance contrainte de la vanité est bien plus une gêne que ce sans-façon affectueux dont les bons cœurs ont seuls le secret.

Avant de pénétrer plus profondément dans mon sujet, je veux raconter à mes lecteurs ma première rencontre avec César de Moreton. Cette petite anecdote me fournira une occasion toute naturelle d'esquisser le portrait de mon personnage.

Vers le milieu d'une matinée de février, matinée froide, sombre et pluvieuse, je mettais pied à terre devant la porte d'une baraque de charbonnier, qu'habitait, avec sa famille, le garde-vente de ma coupe de bois de l'année.

Chemin faisant, j'avais cru entendre dans l'éloignement, à diverses reprises, les cris assez vifs d'une meute qui paraissait nombreuse, et les vagues accords d'une ou plusieurs trompes, les uns et les autres interrompus de temps en temps par les rafales bruyantes du vent d'ouest, qui soufflait avec une violence extraordinaire ce jour-là.

Un cheval bai-brun, à l'œil éveillé et aux membres sains et robustes, dont le harnachement plus que rustique semblait appartenir à la monture d'un médecin de campagne, était attaché au tronc d'un baliveau, à peu de distance de la hutte, dans laquelle j'entrai aussitôt pour me chauffer et me sécher.

Le garde-vente et sa fille Benoîte, fraîche luronne de quinze à seize ans, se tenaient debout, dans une attitude respectueuse, assez loin du foyer, où petillait un fagot de genêt et de bruyère, et devant lequel se carrait, fièrement campé sur un escabeau taillé à la serpe, un inconnu, qui, en me voyant entrer, se leva, me salua avec une bonhomie courtoise, et reprit sa place en ayant soin de se rapprocher de la muraille, pour me céder un peu de terrain. Il avait une pipe de terre à la bouche, chose beaucoup plus rare alors qu'elle ne l'est aujourd'hui, où elle ne sert plus à reconnaître exclusivement les gens de la basse classe.

L'inconnu était un homme de trente à trente-cinq ans, d'une stature au-dessus de la moyenne et solidement charpenté des pieds à la tête. Il avait un visage plein, ouvert et chaudement coloré, qui exprimait la franchise et la bonne humeur; de grands yeux gris à fleur de tête, plus spirituels que ne le sont ordinairement les yeux de cette espèce, une chevelure châtain-clair légèrement bouclée, et de petites mains assez blanches, plus aristocratiques que le reste de sa personne.

Il portait un costume de drap couleur feuille morte, tirant sur la nuance couleur amadou, une casquette de cuir bouilli, à la forme ronde et basse et aux larges ailes, des houzeaux à tringle en tuyau de poêle, et des sabots.

L'idée du médecin de campagne me revint tout naturellement à l'esprit. Toutefois il me restait encore un peu d'incertitude.

L'inconnu fit signe à Benoîte de venir à lui, puis il passa un de ses bras autour de sa taille, avec l'aisance d'une longue habitude, et ils échangèrent quelques paroles à voix basse.

« Je m'en doutais, — dit-il tout haut.

Et se tournant de mon côté, il ajouta d'un ton jovial qui me disposa immédiatement à la bienveillance :

« Vous me prenez en flagrant délit de chasse dans vos bois, monsieur le marquis ; mais d'abord je n'ai pas lancé chez vous, et d'ailleurs, en fût-il autrement, j'ai la confiance que vous m'excuseriez encore.... Je suis le comte César de Moreton, hôte en ce moment de votre voisin, M. Deplace de Maizière, chez lequel je suis depuis hier soir avec quelques amis. Nous devions vous faire prier ce matin de vous trouver au chêne *égraffiné* pour être des nôtres ; mais, en voyant ce temps abominable, nous avons réfléchi que ce serait peut-être vous jouer un bien mauvais tour. Mes chiens mènent assez mal une bête rousse qui a beaucoup d'avance, et ma foi, je les ai quittés un instant pour venir me mettre à l'abri. Je m'en félicite, puisque sans cela je n'aurais pas fait votre connaissance aujourd'hui. »

Le bon de l'histoire, c'est que je savais que cette chasse devait avoir lieu, et que, piqué de n'avoir pas été prévenu, comme de coutume, j'étais venu rôder dans mes bois, avec le charitable espoir de gêner un peu ceux qui les parcouraient sans moi et sans ma permission.

Mais la franchise des paroles du comte César changèrent bien vite ma petite rancune en bonne humeur, et je lui tendis la main en témoignage du plaisir que me causait notre rencontre.

Un petit quart d'heure ne s'était pas écoulé, que nous étions, le comte et moi, sur le pied d'intimité de gens qui ont passé leur vie ensemble; si bien qu'un bûcheron étant venu nous apprendre que la chasse se rapprochait de nous et qu'elle allait vivement, César me frappa sur l'épaule et me dit :

« Ah çà, mon cher, vous allez me suivre ! »

A quoi je lui répondis sur le même ton que je l'entendais bien ainsi, et que quand des gens de notre trempe se trouvaient réunis par hasard, ce qu'ils avaient de mieux à faire, était de demeurer ensemble le plus longtemps possible.

Nous voilà donc galopant côte à côte, bavardant

de tout à tort et à travers, nous arrêtant parfois pour écouter la meute qui donnait chaudement, et moi me divertissant comme un bienheureux de la conversation spirituelle et piquante de ce nouveau confrère en saint Hubert, dont j'avais souvent entendu parler.

Grâce à la grande habitude que j'avais de la forêt, nous eûmes bientôt gagné les devants de la chasse, que nous ne perdîmes plus. Au bout de trois heures, la bête rousse fut portée bas, et après l'hallali, le comte César me fit présenter par son piqueur Chopelin le pied droit de l'animal.

M. Deplace m'invita à venir dîner à Maizière, et l'on me fit promettre que je serais de la chasse du lendemain.

Il a été longtemps de mode de dénigrer les chasseurs, de les dépeindre comme des hommes insociables, envieux, toujours prêts à sacrifier le plaisir d'autrui à leur satisfaction personnelle, et étrangers aux plus vulgaires notions du savoir-vivre. On en faisait des personnages de convention, semblables à ces marins d'opéra-comique qui jurent et fument dans un salon avec aussi peu de scrupule que s'ils étaient sur le pont de leur navire, entourés de leurs grossiers matelots. En ce qui me concerne, je n'en ai jamais rencontré à qui ce portrait fût applicable, et c'est au contraire dans cette classe que j'ai trouvé le plus d'hommes véritablement doués de ces qualités agréables et solides, qu'on appelle la bonne humeur, la serviabilité, la franchise et l'esprit argent comptant, ce bon esprit français et *primesautier* qui part comme une fusée, en mettant le feu à l'intelligence du voisin. C'est là aussi que les types curieux à étudier abondent plus que partout ailleurs : la suite de ces études cynégétiques le démontrera, j'espère.

VI

De même que ses deux illustres confrères, le comte Abel de Vichy, ou plutôt le Vendéen Saint-Jean, et Charles Brosse, César de Moreton fut un grand et heureux chasseur de loups, dans toute l'acception du terme. En lui, cependant, le goût de la poursuite de cet animal n'avait pas un caractère de préférence aussi absolue que chez les deux personnages que je viens de nommer, de sorte que quand son piqueur et ses valets de limier, de retour au rendez-vous, ne lui annonçaient dans leur rapport que des sangliers ou seulement des chevreuils, la physionomie du châtelain de Beauregard n'en conservait pas moins l'expression de bonne humeur qui lui était habituelle, et qui faisait de lui un des meilleurs et des plus aimables compagnons de chasse que j'aie jamais rencontrés.

Ce joyeux disciple de saint Hubert avait eu le bon esprit de n'adopter aucun système exclusif en tout ce qui concernait le choix des animaux composant sa meute. Étranger aux querelles d'écoles et indifférent aux vaines controverses des partisans du pur sang ou du demi-sang anglais, et de nos vieilles races françaises, il accueillait dans son chenil tous les chiens d'un mérite reconnu, sans s'inquiéter autrement de leur origine. Pourvu qu'ils eussent fait leurs preuves quelque part, et qu'ils fussent de grande taille, jeunes encore, constitués vigoureusement, bien gorgés, collés à la voie durant toute la chasse et mordants à l'heure suprême de l'hallali, il ne leur demandait pas leur acte de naissance. Il en résultait bien, au premier coup d'œil, un peu de bigarrure dans l'ensemble, mais une fois que cette meute sans uniformité de pelage était en action, il aurait fallu l'aveuglement d'une profonde ignorance en fait de chasse, pour ne pas reconnaître la sagesse pratique qui avait présidé à sa composition, et ne pas rendre justice à ces esprits calmes qui sont plus amoureux de la réalité que de l'apparence des choses.

A un rendez-vous général de plusieurs grands équipages, celui du comte César de Moreton aurait pu être facilement éclipsé par un autre ; une fois découplé sur un loup, un sanglier ou un chevreuil, car il chassait tout avec une égale supériorité, il ne redoutait plus de rivaux. C'est dans ses rangs qu'ont existé les derniers rejetons de ces chiens bleus qu'on a appelé des *Foudras*, sans que la plupart des veneurs qui en ont possédé aient su pourquoi ils portaient ce nom.

Cette race, dont la renommée a eu une certaine importance dans tout l'ouest et une partie du centre de la France, était le produit de plusieurs croisements tentés par un de mes grands-oncles qui a été évêque de Poitiers pendant cinquante-trois années du dix-huitième siècle, à partir de 1720.

J'ai vu de ces *Foudras-chiens* dans quelques meutes de ma connaissance, et leur souvenir est resté dans ma mémoire comme celui d'un très-beau type de chien courant pour la grande bête. Ils avaient pour eux l'élévation de la taille, la légèreté nerveuse des formes, la sécheresse de la jambe, la finesse du fouet et l'élégante conformation de l'oreille. Leur couleur bleue, qu'on pourrait prendre pour une simple façon de parler, était réelle. Elle venait de leur peau qui était violet foncé sous un poil d'une blancheur soyeuse et transparente. Cette teinte était un peu plus sombre autour de quelques taches noires dispersées çà et là sur le corps de l'animal. Toujours est-il que le bleu dominait dans ces chiens, au point qu'il était impossible de leur assigner une autre couleur. C'est le loup qu'ils chassaient particulièrement bien.

Mon grand-oncle, le prélat chasseur, avait été capitaine de dragons dans sa première jeunesse, et c'est une tradition dans notre famille que la tournure d'esprit et le langage de l'homme des camps ne s'étaient pas complétement modifiés chez l'homme d'église. Mon père avait conservé précieusement plusieurs anecdotes assez gaies sur le compte de ce personnage, qui n'en fut pas moins un très-saint prêtre, malgré sa passion pour la chasse et ses habitudes à la *Vert-Vert*.

Parmi ces anecdotes, en voici une qu'on peut, ce me semble, citer sans inconvénient, en la gazant toutefois un peu.

C'était entre 1765 et 1768, et par conséquent dans la vieillesse du prélat. Mon père, alors âgé de quinze à seize ans environ, et sous-lieutenant dans Royal-Picardie, cavalerie, passait par Poitiers en se rendant avec son régiment de Carcassonne à Redon, Landerneau, Pontivy et autres petites villes du fond de la Bretagne. Il va sans dire qu'il s'en alla tout droit, dès que le régiment eut mis pied à terre, loger chez son oncle l'évêque, lequel lui fit courtois accueil et grande chère, comme disaient nos bons aïeux.

Le soir il y eut, au palais épiscopal, cercle, jeu et souper improvisé, où les plus aimables et les plus jolies femmes de la ville avaient été priées. Le digne évêque se permettait parfois cette petite licence d'avoir des dames chez lui depuis qu'il était devenu octogénaire.

Vers le milieu du repas, qui, par parenthèse, avait été très-animé dès le début, comme tout le reste de la soirée, Mgr de Poitiers interpella en ces termes mon père, placé à table justement en face de lui, entre la femme de l'intendant de la province et celle du lieutenant du roi.

— Mon cher neveu, faites-moi le plaisir, je vous prie, de servir le plat qui se trouve devant vous.

Ledit plat était une fondue au fromage, posée sur un réchaud parvenu à un degré de chaleur telle, qu'il eût certainement paru rouge s'il eût été de fer au lieu d'être d'argent.

Mon père le saisit étourdîment en plein corps, et il se brûla les cinq doigts de la main droite jusqu'au vif.

Il lâcha le plat, ce qui était, sans contredit, la première chose à faire; mais en même temps, il lâcha aussi, tant il est vrai qu'un malheur n'arrive jamais seul, un mot qui n'avait pas plus cours dans la bonne compagnie d'alors que dans celle d'aujourd'hui, et qui, bien que prononcé à voix basse et entre les dents, n'en fut pas moins entendu de toute la noble assistance, grâce à la sonorité ronflante des trois voyelles et des trois consonnes qui le composent.

— Mesdames, — reprit Monseigneur en promenant un doux et fin regard sur les gracieux visages féminins qui paraient de leur beauté sa salle à manger, — je vous recommande ce nouveau remède pour la brûlure.

Il fallait de toute nécessité rougir jusqu'au blanc des yeux, jouer de l'éventail, détourner la vue, ou ne pas avoir l'air de comprendre : mon père m'a conté plus d'une fois que les dames de Poitiers s'étaient toutes décidées pour ce dernier parti.

C'est dans son beau manoir de Dissay, maison de campagne des évêques de Poitiers pendant cinq ou six siècles, que mon grand-oncle entretenait, sur un pied tout à fait royal, son équipage de chasse, le meilleur des provinces de l'ouest, et c'est de là que sont sortis ces chiens bleus dont la réputation s'est maintenue jusqu'à nos jours, ce qui fait près d'un siècle et demi. Que de descendants de héros ayant rempli le monde du bruit de leurs exploits, dont on n'en pourrait pas dire autant au moment où j'écris ces lignes !

Je reviens à César de Moreton, et j'espère que mes lecteurs ne me sauront pas mauvais gré de l'avoir quitté un instant pour leur parler de mon grand-oncle l'évêque et de ses célèbres chiens bleus.

Le comte César a eu une fois dans sa vie, pour lui et pour son équipage, une de ces rares fortunes comme très-peu de veneurs en conservent dans leur mémoire. Il a assisté à un véritable combat en champ clos entre sa meute et un loup d'une force et d'une agilité prodigieuses, et d'une audace sans pareille.

Le fait mérite à coup sûr d'être connu, et je vais le raconter tel que je le tiens de César lui-même, qui, tout en me parlant, me montrait le théâtre de l'action.

Comme je n'ai pas la même ressource avec mes lecteurs, je suis obligé d'y suppléer par une courte description des lieux.

Le château de Beauregard et le vaste enclos qui l'environne sont situés sur le point culminant d'un large plateau entouré de bois à la distance d'une lieue environ. Au nord, et séparé seulement par un chemin vicinal qui sert en quelque sorte d'avenue aux deux domaines, s'élève le fier manoir de Digoine, lequel appartenait, ainsi que je l'ai dit précédemment, au marquis de Chabrillant, frère aîné du comte César de Moreton. Cette dernière habitation a un parc beaucoup plus considérable encore que la première, et tous deux sont clos de murs. Au midi de Beauregard, et jusqu'au canal qui réunit la Saône à la Loire, s'étendent des prairies plantureuses où l'on engraisse ces magnifiques bœufs blancs du Charolais qui fournissent à Paris ses meilleurs aloyaux. Lesdites prairies sont divisées en petites enceintes dont l'étendue varie suivant le nombre de têtes de bétail que chacune d'elles a à nourrir. Elles sont en outre séparées les unes des autres par des haies de bois mort d'une solidité proportionnée à la force des animaux qu'elles renferment, et d'une élévation calculée d'après l'agilité et l'audace de ceux qui pourraient venir attaquer les premiers. Il y a à chaque enclos une barrière que l'on ferme, tout à la fois aisément et sûrement, au moyen d'un anneau de coudrier tordu en forme de câble et imitant un 8.

Le chenil de Beauregard avait à cette époque, et s'il existe encore il en doit être de même aujourd'hui, une porte extérieure donnant sur ces prairies, où, durant la morte saison de la chasse, on avait la bonne habitude de mener, trois ou quatre fois par semaine, les chiens à l'ébat pour les maintenir en bonne condition de service, comme disent les Anglais en parlant de leurs chevaux.

Par une belle matinée de septembre, Chopelin, ce piqueur du comte César que j'ai déjà nommé, entendit ses *toutous* qui faisaient un vacarme inaccoutumé.

On eût cru, à les écouter, qu'ils tenaient un sanglier aux abois et que l'action était chaudement engagée de part et d'autre.

On devine que le vigilant chef d'équipage se hâta de courir à toutes jambes à son chenil.

La première chose qui le frappa, en y entrant,

fut que tous ses chiens, sans en excepter un seul, regardaient, dressés sur leurs pattes de derrière, à travers les barreaux de la claire-voie qui surmontait le mur de clôture à hauteur d'appui qu'on avait construit de ce côté. Ils poussaient, à qui mieux mieux, des hurlements féroces, montraient leurs dents, qu'ils faisaient claquer avec une sorte de rage, et avaient le poil hérissé sur la nuque et sur le dos. On ne pouvait plus croire à une bataille entre camarades, mais bien au contraire à un parfait accord pour défier un ennemi quelconque errant dans le voisinage.

Frappé de cette idée, Chopelin regarda à son tour au delà de la muraille, et il aperçut, dans le pré clos le plus rapproché du chenil, un loup énorme, fort occupé pour le moment à chercher un passage conduisant au pâturage voisin, lequel renfermait des veaux d'un an et quelques génisses trop jeunes encore pour se défendre..

Qui n'aurait pas profité d'une aussi belle occasion pour se procurer un spectacle comme l'on n'en voit jamais?

Le piqueur appela son valet de chiens, lui conta l'affaire en deux mots, l'envoya prévenir leur maître de ce qui se passait; puis, ceignant son couteau de chasse autour de ses reins et mettant sa trompe sur son épaule, il ouvrit à deux battants la porte extérieure du logis de l'équipage.

Celui-ci se précipita comme un torrent furieux hors du chenil, en criant de plus belle.

Chopelin courut pousser la barrière de l'enceinte dans laquelle rôdait le loup, et ce dernier, que la faim avait rendu si imprudent, se vit à l'instant même attaqué par une soixantaine de gaillards qui s'étaient quelquefois trouvés à pareille fête sur la fin d'une chasse et après un coup de fusil, mais jamais au commencement contre un ennemi complétement valide; ainsi la nouveauté du fait n'était pas moins grande pour eux que pour le piqueur.

La bataille s'engagea d'autant plus vite, que le loup se voyant menacé d'une attaque, vint résolûment au-devant d'elle, si bien que quand le comte César arriva sur le terrain, le sang avait déjà coulé de part et d'autre.

Tant de gens ont dit et écrit que le loup était le plus lâche de tous les animaux féroces, qu'il faut bien croire qu'il y a quelque chose de vrai dans cette opinion; mais il me semble juste aussi d'admettre qu'il peut exister des exceptions à cette règle générale, et le bandit des prairies de Beauregard devait être certainement du petit nombre des téméraires de son espèce.

Entouré d'abord et bientôt renversé par le premier choc de ses adversaires, il se releva intrépidement, distribua une grêle de coups de dents à droite et à gauche, et, toujours montrant sa terrible mâchoire, garnie d'une double rangée de crocs acérés, il parvint à gagner la haie de bois mort, s'y accula de façon à ne pouvoir plus être assailli par derrière, et là il se prépara à soutenir une seconde attaque qui ne devait pas se faire attendre longtemps.

Elle fut encore victorieusement repoussée après une courte lutte, et la meute s'étant retirée un peu en arrière pour se rallier et revenir à la charge, le loup se jeta de côté dans la direction où ses ennemis étaient le moins nombreux; puis il traversa la prairie, et faisant un bond de six pieds de hauteur, il retomba seul dans le pâturage voisin.

Quelques-uns des chiens les plus acharnés tentèrent vainement de l'y suivre par la même voie; mais moins de cinq minutes après, le comte de Moreton et Chopelin y pénétrèrent à leur tour avec tout l'équipage dont l'ardeur croissait de seconde en seconde.

Cet émouvant duel d'un seul contre soixante dura deux grandes heures, le loup passant successivement d'un enclos dans l'autre en franchissant les barrières qui les séparaient, et la meute étant toujours ramenée immédiatement en sa présence par le maître et le piqueur. Enfin un moment arriva où l'imprudent maraudeur en plein jour, criblé de morsures et épuisé par ses efforts incessants, n'eut plus la force de vaincre le dernier obstacle qui se trouvait entre les prés et la libre campagne. Il essaya bien à plusieurs reprises de s'élancer encore, mais à chaque fois il manqua son coup, et bientôt saisi en même temps aux cuisses, aux flancs, aux oreilles et à la gorge, il fut porté bas et foulé, mordu, déchiré et traîné sur le sol jusqu'à ce que mort s'ensuivit.

Aucun des chiens n'était tout à fait hors de combat, mais il n'y en avait pas un seul qui n'eût cinq ou six blessures.

J'ai vu, clouée à la grande porte du chenil de Beauregard, la tête de ce malheureux loup si bravement mort au champ d'honneur. Quoique desséchée par le temps, elle gardait encore dans sa peau raccornie et dans ses orbites vides quelque chose de l'expression de haine et de fureur qu'elle avait dû avoir pendant la lutte, et c'était vraiment une très-belle et très-curieuse pièce d'histoire naturelle.

Ce que j'ai dit précédemment de ma première rencontre avec le comte de Moreton dans les bois de Demigny a dû faire pressentir à mes lecteurs que ce digne fils de saint Hubert n'était pas de ces *incroyables* de vénerie qui font consister tout le mérite de l'homme de chasse dans la beauté de sa monture et dans l'élégance de son costume. César, tout grand seigneur qu'il fût par la naissance, n'a jamais porté de sa vie la cape de velours noir, le gilet rouge ou chamois, la petite redingote de fin drap vert, la cravate de cachemire bleu de ciel, les bottes à revers et le ceinturon mi-partie d'or et d'argent. Le gris de fer et les diverses nuances de brun, depuis le marron foncé jusqu'au tabac d'Espagne, étaient ses couleurs favorites. Sa tête spirituelle et joviale s'abritait contre les intempéries des saisons sous un large chapeau de forme basse en grossier feutre gris ou en cuir bouilli, selon que le temps était chaud ou pluvieux. Il emprisonnait ses mollets rabelaisiens dans ces houzeaux plus durs que l'écorce d'un chêne centenaire, comme en portaient les bouchers à l'époque où il n'y avait pas encore de chemins de fer pour les conduire du fond de la Normandie à Poissy et à Sceaux. Tous ses chevaux étaient élevés rustiquement dans les prairies du Charolais, et n'en tenaient pas moins tête au meilleur *hunter* de ses compagnons de chasse plus recherchés que lui dans leurs goûts et leurs habitudes. Tout cela n'avait pour origine chez lui ni les calculs de l'avarice ni même les raffinements de la singularité de parti pris. La simplicité plaisait à l'indépendance de son humeur : il ne courait pas après elle pour se distinguer de ses semblables. Cette disposition se faisait aussi remarquer dans son hospitalité, son langage et ses manières. Il était complet dans sa rudesse cordiale aussi bien que dans son sans-gêne toujours accompagné de la plus attrayante bonhomie. Les pauvres d'esprit le redoutaient et l'évitaient volontiers, parce qu'il était infatigable et impitoyable gouailleur de sa nature; mais les gens qui avaient assez de bec pour lui répondre et assez de cœur pour apprécier ses bonnes qualités, se seraient mis au feu pour lui, et bien qu'il fût aristocrate jusqu'à la moelle des os de sentiments et d'opinions, il était mille fois plus aimé et considéré des libéraux du pays que le démocrate comte de Thiars, son beau-frère.

Comme veneur, César de Moreton n'avait ni le brillant de son ami Charles Brosse, ni la *furia* du marquis de Mac-Mahon, dont j'ai souvent parlé dans mes précédentes études cynégétiques, ni la profonde science de M. Marey-Gassendi et de quelques autres notabilités de la vénerie bourguignonne. Il était tenace sans ardeur apparente et toujours prêt à recommencer le lendemain sans enthousiasme pour le succès du jour. Je ne l'ai jamais vu tenter de ces témérités inutiles qui ne sont, à tout prendre, que la fatuité du courage, ni se passionner bruyamment dans les difficultés d'un débucher périlleux ou dans les péripéties d'un hallali dramatique. Je me résume sur ce point en comparant le goût soutenu de César de Moreton pour la chasse, à l'amour calme et durable qu'on éprouve dans le mariage, ce qui me semble ne pas moins avoir son originalité que la fougue poussée à ses plus extrêmes limites.

En chasse, sa personnalité ne se faisait que très-rarement sentir. Il suivait vaillamment son équipage, le soutenait au besoin, mais il ne le conduisait pas, dans la rigoureuse acception du mot. Les personnes qui ont plus chassé avec lui que moi prétendent que l'espèce de neutralité à demi agissante dans laquelle il se renfermait tenait au terrible souvenir qu'il avait conservé d'une rencontre peu agréable avec un sanglier furieux que ses chiens tenaient aux abois. Si l'on en croit la tradition, souvent incertaine quand elle nous arrive par des chasseurs, César de Moreton serait entré au fort pour porter secours à sa meute en détresse, et il aurait été si vigoureusement chargé par l'ennemi, qu'il se serait juré à lui-même de ne jamais s'exposer à pareille aventure.

Au mois de septembre 1831, je reçus de mon ami Jules Perret un billet court et pressant, comme les généraux en échangent aux approches d'une bataille, dans lequel il m'engageait de la part du comte de Moreton à me rendre dans le plus bref délai possible à son château de Beauregard, où se réunissaient quelques-uns de nos compagnons habituels. On devait chasser quatre jours de suite, et l'on était assuré d'une portée de louvards et de plusieurs compagnies de sangliers.

La lettre qui me conviait ne m'était pas parvenue aussi vite que mon ami l'avait espéré ; quinze grandes lieues me séparaient de la demeure de notre amphitryon ; mes chevaux étaient fatigués par une série de chasses au lièvre que j'avais faites précédemment avec la meute de M. Marey-Gassendi ; il résulta de ces diverses circonstances que je ne pus partir assez tôt de chez moi pour être au rendez-vous à l'époque indiquée. Quand j'arrivai à Beauregard, le 24 septembre au soir, on avait déjà pris un grand sanglier la veille, le jour même la portée de louvards, et l'on commençait à ne plus compter sur moi.

Je fus reçu par le comte et ses hôtes, qui m'étaient tous connus, avec cette cordialité expansive qui n'existe guère que chez les militaires et chez les chasseurs. On me conta ce qui s'était passé depuis quarante-huit heures, et l'on me dit que nous chasserions le lendemain le sanglier avec l'équipage de Charles Brosse, qui était de service ce jour-là. A mon vif regret, le maître ne faisait pas partie de notre réunion, parce qu'il remplissait pour le moment ses fonctions de législateur à Paris.

Nous étions six à Beauregard : le châtelain, Jules Perret et son frère Celse, le marquis de Parny, excellent et aimable veneur que l'industrie a enlevé trop tôt à la chasse, Victor de Chiseuil et moi.

J'ai assisté souvent à des réunions cynégétiques plus nombreuses et plus brillantes peut-être, mais ma mémoire n'a gardé le souvenir d'aucune qui fût plus franchement gaie.

Le lendemain, à sept heures précises et par un

temps à souhait, nous montions à cheval pour gagner la forêt de Clécy, où les piqueurs et la meute étaient depuis la veille. Pierre et Chopelin avaient dû se mettre en quête dès le point du jour, et lorsque nous arrivâmes sur le terrain, ils étaient déjà de retour, et leurs deux rapports nous apprirent que nous n'avions que l'embarras du choix.

Après une courte délibération, sans mettre pied à terre, on se décida pour un très-vieux sanglier qui était remis à peu de distance dans une enceinte d'un abord facile.

Il fut attaqué vigoureusement par tout l'équipage que l'on avait découplé à la fois pour l'obliger à prendre tout de suite un grand parti. Effectivement, après avoir rôdé pendant un quart d'heure environ dans un canton de bois peu étendu, il débucha résolûment en plaine en se dirigeant du côté de la Loire. Tout annonçait donc que nous aurions une chasse magnifique qui se terminerait, selon toutes les apparences, par un hallali des plus émouvants vers le milieu de la matinée, c'est-à-dire dans quatre ou cinq heures au plus.

Malheureusement, nous eûmes une fois de plus la preuve que le vieux proverbe qui dit que *l'homme propose et* que *Dieu dispose* n'est pas moins vrai pour les chasseurs que pour les autres humains. Au plus fort de notre enivrement, et au moment où il n'existait pour aucun de nous le plus faible doute sur le résultat de notre journée, nous entendîmes un coup de fusil formidable en avant des chiens, et presque aussitôt ceux-ci, qui nous réjouissaient par une musique à réveiller un chasseur mort, cessèrent de crier avec un ensemble bien douloureusement significatif.

Nous pressâmes l'allure de nos chevaux, ne prévoyant que trop la triste découverte que nous allions faire, et en moins de cinq minutes nous nous trouvions en présence d'une manière de rustre, coiffé d'un bonnet de coton et armé d'une mauvaise carabine avec laquelle il venait de tuer roide notre sanglier, que les chiens léchaient et mordillaient en grondant sourdement, suivant leur habitude.

Je n'ai de ma vie été témoin d'une scène de fureur pareille à celle que le comte César fit à ce pauvre diable qui, cela était facile à voir, n'avait pas mis la moindre malice à son action. Les héros d'Homère ne devaient pas s'emporter autrement, et malgré notre dépit d'avoir perdu aussi vite nos espérances de plaisir complet, nous prîmes un intérêt véritable à ce burlesque épisode qui n'avait pas figuré dans le programme de nos jouissances du jour. Ce que c'est pourtant que le hasard! L'arme dont s'était servi le paysan pour accomplir son mauvais coup était dans un état de délabrement impossible à décrire, et, chargée jusqu'à la gueule, elle aurait dû crever dix fois pour une et exterminer le tireur imprudent plutôt que le gibier. Tout s'apaisa à la fin, un peu parce que le coupable semblait aussi chagriné que nous, mais plus encore parce que nous fîmes tous ensemble la réflexion qu'il nous restait au moins sept ou huit heures de jour à dépenser et que nous n'avions fait vider qu'un seul des quatre buissons que les rapports du matin nous avaient signalés.

Saint Hubert nous devait un dédommagement : il nous l'accorda bien complet, comme on va le voir.

VII

Nous étions tous réunis; grâce au peu de longueur de notre débucher, pas un de nos chiens ne manquait à l'appel, et enfin les animaux sur lesquels nous pouvions compter encore ne devaient pas être très-éloignés du point où nous nous trouvions, si rien ne les avait dérangés depuis le matin dans leurs différentes enceintes : tout nous favorisait donc dans notre espoir de nous relever, séance tenante, du petit échec que nous venions de subir.

« Messieurs, — nous dit notre ami Jules Perret, dont la voix, comme celle du sage et prudent Nestor, était toujours écoutée dans les circonstances difficiles, — si vous voulez m'en croire, nous ne nous exposerons plus au désagrément de voir notre chasse brusquement terminée par un coup de fusil. En consequence je vous propose d'aller tout bonnement découpler sur cette bande de bêtes rousses dont Pierre a connaissance. Nous tâcherons d'en séparer une pour ne faire qu'une seule chasse, et si on nous la tue, nous aurons la chance d'en attaquer une autre.

Tout cela ayant été accepté sans la moindre discussion, nous nous mîmes immédiatement en marche pour aller fouler cette seconde enceinte, qui n'était pas très-éloignée de la première.

Arrivés à peu de distance de la brisée de Pierre, celui-ci prit les devants pour reconnaître le terrain, et bientôt nous le vîmes revenir, nous apportant la bonne nouvelle que les bêtes rousses et les grands animaux qui les accompagnaient n'avaient pas quitté leur demeure.

Nous pouvions donc non-seulement découpler à coup sûr, mais encore compter sur une prompte attaque, le buisson n'ayant qu'une cinquantaine d'arpents d'étendue.

Je tirai ma montre : elle marquait midi.

Dix minutes après, la meute, réunie en une seule masse compacte, abordait les marcassins et escarmouchait bruyamment avec les bêtes de garde qui suivaient la laie. Ce petit engagement, très-vif dès le début de la part des chiens, ne fut pas de longue durée, et bientôt il nous fallut prendre le galop dans diverses directions, pour essayer de savoir au juste ce que nous avions lancé, de manière à rallier sur un seul animal, dans le cas où il y aurait plusieurs chasses, ce qui était assez probable.

Il y avait environ un quart d'heure que je m'étais séparé de mes compagnons, lorsque je me trouvai, à la sortie d'un chemin creux que je suivais depuis quelques instants, sur la crête d'une colline qui me parut de prime abord un endroit très-favorable pour me rendre compte de la situation exacte des choses. Je m'arrêtai, je mis pied à terre et je prêtai l'oreille.

J'entendis tout de suite, immédiatement au-dessous de moi, comme dans une gorge dont mon regard ne pouvait pas sonder la profondeur, des sons de trompe qui me semblèrent des appels forcés.

J'écoutai plus attentivement encore, et j'acquis la certitude que je ne m'étais pas trompé la première fois.

C'étaient bien des appels répétés qu'on sonnait, comme s'il se passait quelque événement de chasse extraordinaire, ou qu'un malheur fût arrivé à l'un des nôtres.

Tout à coup une explosion de cris de chiens vint se confondre avec les accords des trompes, et bientôt les domina. Ces cris étaient nombreux, aigus, prolongés et toujours à la même place. Ce n'était pas une poursuite, c'était un abois véritable, mais d'une nature singulière, car la voix des chiens annonçait plus d'impatience que de férocité. On eût bien dit qu'ils menaçaient leurs adversaires, seulement il semblait que ce fût plutôt de loin que de près. Je n'avais jamais rien observé de pareil à la chasse.

Mes lecteurs ont déjà compris que je ne perdis pas mon temps à chercher l'explication de ce mystère au moyen des efforts de ma pensée. Je me hâtai de remonter à cheval, et, quittant la crête de la colline, je me lançai au trot sous le dôme d'une vieille futaie qui garnissait ses flancs.

Les chiens criaient toujours sur le même ton et à la même place, et les trompes résonnaient de plus belle, tantôt ensemble et tantôt l'une après l'autre. Il y en avait deux, et je jugeai, à la légèreté et à la vigueur de leurs notes précipitées et pleines, que les virtuoses devaient être nos piqueurs Pierre et Chopelin. Ceux de mes camarades qui sonnaient quelquefois dans les cas urgents n'avaient pas à beaucoup près cet aplomb et cette vigueur.

A la sortie de la futaie, il y avait une jeune taille de cinq à six ans qui formait aussi un rideau impénétrable à ma vue. Mais quand je l'eus traversée, ce qui ne me prit pas beaucoup de temps, j'entrai dans des bruyères peu élevées, et je reconnus avec satisfaction que le pays était découvert à une assez grande distance. Je pouvais donc explorer l'espace au loin, et si je n'apercevais pas encore ce qui se passait au pied de la colline, que je descendais aussi vite que le permettait la rapidité de sa pente, je me dis qu'en faisant quelques pas de plus il ne me serait pas moins facile de plonger mes regards au-dessous de moi que de les laisser errer au niveau du point que j'occupais.

Cette attente ne fut pas trompée, et si je ne me rendis pas immédiatement compte de la scène bizarre qui commençait à satisfaire ma curiosité, j'en vis assez cependant pour comprendre que j'allais assister à un de ces événements de chasse extraordinaires, qui sont de la nouveauté même pour les gens qui ont eu dans leur vie le plus d'aventures de ce genre.

Le bas de la colline était bordé dans une partie de sa longueur par un étang en pêche, c'est-à-dire que depuis la veille ou le matin l'eau, en se précipitant avec violence par la bonde, avait laissé à découvert le fond de vase qu'elle cachait en temps ordinaire.

Dans cette vase, et au beau milieu de l'étang, les marcassins, au nombre de dix ou douze, barbotaient comme des canards qui ne peuvent prendre leur vol, poussaient de petits grognements désespérés, et cherchaient à gagner l'autre rive pour s'enfuir. Malheureusement pour eux, Chopelin les avait devancés là, et comme il était sur un sol solide qui lui permettait de se transporter rapidement d'un point sur un autre, il barrait toujours le passage aux bêtes rousses partout où celles-ci se présentaient. Rebrousser chemin était encore plus impossible pour elles, car sur la rive opposée, celle où j'allais aborder, Pierre exécutait la même manœuvre que son camarade, et de plus les deux valets de chiens à pied tenaient sous le fouet, derrière eux, toute la meute qui faisait le vacarme dont j'ai parlé. C'était pour nous avertir que les deux intelligents piqueurs sonnaient sans relâche des appels, et jusqu'à ce moment ils étaient parvenus à suspendre le dénoûment de ce curieux spectacle dont ils n'avaient joui sans nous qu'à la dernière extrémité.

Comme j'engageai Pierre à persévérer le plus longtemps possible dans cette bonne résolution, Jules Perret et son frère Celse parurent sur la chaussée de l'étang, puis César de Moreton et Léon de Parny sortirent des joncs et des broussailles qui se trouvaient à la queue, et enfin Victor de Choiseul, au risque de se casser le cou, arriva au grand galop par la pente rapide que je venais de descendre plus prudemment. En quelques minutes ils furent auprès de nous, et l'équipage rendu à la liberté se précipita dans l'étang, où il va sans dire que nous le suivîmes.

Alors commença la plus amusante bataille à laquelle j'aie jamais assisté. Dans le premier choc les marcassins furent ensevelis en masse sous la vase; ils se dégagèrent assez promptement, revinrent à la surface, furent submergés de nouveau, reparurent encore en culbutant par-ci par-là quelques chiens à leur tour, et après une demi-heure de cette lutte grotesque, finirent par être étouffés dans la boue jusqu'au dernier.

Voilà le gros de l'aventure. Il est plus aisé de se la représenter par l'imagination que de la décrire, et je prie mes lecteurs de se servir de ce moyen pour suppléer à l'insuffisance de mon récit. La fin de cette chasse ne fut pas moins extraordinaire que le commencement, car pour avoir notre gibier, il nous fallut recourir aux pêcheurs qui se tenaient dans une petite hutte de jonc située sous la chaussée de l'étang. Ils nous apportèrent leurs filets, entrèrent dans la vase avec leurs grandes bottes, et pendant que nous séchions à un énorme feu allumé sur le rivage la boue épaisse dont nous étions couverts de la tête aux pieds, ils nous apportèrent successivement neuf paquets informes dans lesquels l'empailleur Abel de Vichy aurait eu de la peine à reconnaître de jeunes sangliers. Ainsi finit notre pêche aux marcassins : vu la rareté du fait, elle nous parut une compensation plus que suffisante du méfait de l'homme au bonnet de coton.

Après une fin de matinée aussi gaie, il serait presque superflu d'ajouter que notre retour au château de Beauregard fut joyeux jusqu'à la folie, et que le dîner et la soirée se sentirent de cette heureuse disposition. Depuis que je le connaissais, notre hôte ne m'avait pas encore semblé aussi en verve de bonnes et piquantes boutades sur le compte de son frère aîné le pair de France toujours ministériel, et sur le chapitre de son beau-frère le député démocrate; Léon de Parny était plus que jamais sur son beau dire; Jules Perret prodiguait les mots fins sans avoir l'air de desserrer les lèvres, et les autres, moi en tête, riaient à gorge déployée, buvaient à longs traits le vieux pomard et le punch du châtelain, et excitaient de leur mieux l'entrain des causeurs.

Vers minuit, les uns quittèrent la table du wisth, les autres le guéridon au jeu d'échecs, et tout le monde alla se coucher, le cœur content et l'imagination partagée entre d'agréables souvenirs et de riantes espérances.

Il avait été convenu que la journée du lendemain, qui devait être la dernière de notre réunion, serait consacrée à chasser un chevreuil avec les deux grands équipages de Charles Brosse et de César de Moreton, et la petite meute choisie, exquise et vaillante comme une troupe d'élite, de notre ami Jules Perret.

Cette fois nous étions bien décidés à forcer notre animal, et nous avions pris vis-à-vis les uns des autres l'engagement d'honneur de ne pas tirer; mais comme la chair est faible, chacun de nous, son serment prononcé, s'était promis intérieurement de laisser sa carabine au logis.

Quant aux assassins en bonnet de coton, nous espérions bien que saint Hubert nous en préserverait pour cette dernière chasse.

Le lendemain matin, vers neuf heures, et pendant que nous déjeunions solidement, Chopelin, qui était allé seul à la découverte dans les bois situés aux environs de Beauregard, vint nous annoncer qu'il avait remis, à quatre ou cinq portées de fusil du château, un vieux brocard qu'il avait déjà chassé à plusieurs reprises, et qu'il connaissait de longue date pour un vigoureux et rusé compère, bien capable de tenir pied aux cent vingt chiens que nous comptions lâcher après ses culottes, comme on dit vulgairement.

C'était justement l'animal qu'il nous fallait pour clore dignement notre séjour chez le comte César de Moreton, aussi le rapport de Chopelin fut-il accueilli avec enthousiasme. Nous abrégeâmes notre déjeuner et nous courûmes du côté des écuries pour hâter nos domestiques.

Chacun de nous pouvait disposer d'un cheval qui n'avait pas été monté la veille; sur les trois meutes, deux se prélassaient au chenil depuis trente-six heures, et celle qui avait été de service le jour précédent pouvait être considérée aussi comme fraîche ou du moins reposée, puisqu'elle n'avait eu affaire qu'au grand sanglier traîtreusement égorgé au bout d'une heure de chasse, et qu'aux pauvres marcassins étouffés dans la vase après une poursuite peu fatigante de vingt-cinq minutes, et une lutte qui n'avait été, à tout prendre, qu'une joute peu pénible et encore moins périlleuse, vu le nombre et la légèreté des vainqueurs.

Nous nous trouvions donc dans les meilleures conditions possibles pour espérer un succès.

Nous voilà partis, et presque aussitôt arrivés sur la lisière de l'enceinte faite par Chopelin.

Comme il avait suivi la piste de l'animal sous bois jusqu'à l'obliger à bondir, afin de le voir par corps avant de le remettre définitivement, César ordonna à Pierre de faire le tour du buisson avec son meilleur limier pour s'assurer que le brocard n'en était pas sorti après avoir été mis sur pied, et effectivement Pierre nous affirma qu'il ne l'était pas. Il ne nous restait donc plus qu'à découpler et à jouer vigoureusement des éperons pour suivre.

Bien que l'équipage de Brosse fût exclusivement pour le loup et le sanglier, et que celui du comte de Moreton chassât plus rarement le chevreuil que ces deux derniers animaux, tous les chiens, sauf quelques vieux poitevins entêtés de la meute de Brosse, et les trois ou quatre *Foudras* de César, tous les chiens, dis-je, prirent chaudement sur la voie, la suivirent sans aucune répugnance, et ne montrèrent pas plus d'hésitation au moment de l'attaque que de mollesse après le lancer.

Chopelin ne nous avait pas trompés : son brocard, cela nous fut promptement démontré, était un maître chevreuil qui joignait à des muscles d'acier une profonde connaissance de toutes les finesses les plus subtiles des vieux routiers de son espèce qui ont eu souvent des meutes à leurs trousses. Il commença par faire une pointe de quatre lieues à une allure de *train express*, et en choisissant toujours les cantons de bois très-fourrés qui pouvaient offrir le plus d'obstacles à la poursuite des chiens, et par conséquent les fatiguer plus sûrement et plus vite. Il se mit ensuite à multiplier les ruses dans un espace peu étendu, de manière à nous faire croire qu'il sentait déjà ses forces diminuer ; puis, quand il nous eut ainsi promenés pendant deux heures, durant lesquelles nous eûmes vingt fois l'occasion de sonner des fanfares à ses oreilles et de lui cingler les reins de coups de fouet, il sauta devant nous en plaine, aussi léger qu'un oiseau qui prend son vol, et nous le vîmes débucher avec autant d'assurance et de vigueur que s'il venait d'être mis sur pied à l'instant même.

Nous nous élançâmes résolûment sur ses traces, bien convaincus, malgré l'apparence, que cette dernière tentative ne serait pas de longue durée, et qu'elle aurait pour infaillible résultat la défaite de notre chevreuil, loyalement forcé sans l'aide de *Fusilio*, ainsi que nous l'avions décidé. Mais les choses ne devaient pas se passer d'une manière aussi satisfaisante pour notre petite gloriole de veneurs, et nous en eûmes la preuve lorsque notre chevreuil, ayant trouvé sur son chemin un bois assez considérable, dans lequel il aurait pu ruser encore s'il eût été réellement sur ses fins, ne fit que le traverser sans ralentir sa course, et s'embarqua immédiatement dans la plaine qui le bordait de l'autre côté.

Un second débucher succédait donc au premier, et déjà nos trois meutes réunies, toujours ardentes, étaient un peu moins rapides, et tous nos chevaux sans exception commençaient à avoir, à chaque instant, besoin d'être aiguillonnés de l'éperon et encouragés de la voix.

Enfin il y eut un *à bout de voie* sur la lisière d'un épais taillis, que bordait un petit ruisseau d'eau claire, transparente et babillarde.

« Je crois, dit César, que nous ne tarderons pas à sonner l'hallali sur pied. Notre animal doit être rasé par là, et le premier chien qui lui mettra le nez au.... dos n'aura pas de peine à le saisir par les jarrets. »

Chopelin et Pierre descendirent de cheval et se mirent à examiner les lieux attentivement.

« Il n'est pas rasé, monsieur le comte, — dit le premier ; — voilà son pas dans le sable du ruisseau, et il est probable qu'il le suit pendant quelque temps.... Il m'a déjà fait cette ruse-là. »

Et Chopelin, ôtant sa large casquette de cuir bouilli, appela les chiens dispersés aux environs, et quand il en eut réuni quelques-uns autour de lui, il leur montra l'endroit où il avait reconnu le pied du brocard.

Les chiens enfoncèrent leurs museaux rosés ou noirs dans le cristal gazouillant, et à l'instant même ils recommencèrent à donner de la voix.

Le défaut était relevé, mais nous n'en étions pas plus avancés pour cela.

Nous suivîmes pendant cinq mortels quarts d'heure le cours de ce diable de ruisseau, voyant toujours le pied de notre chevreuil dans le fond de son lit de sable, brillant et fin comme de la poudre d'or, et traînant par *la figure* nos chevaux exténués de lassitude.

Nous arrivâmes ainsi jusqu'à un endroit où l'onde se précipitait en cascade dans une vallée située au-dessous de nous, et de l'autre côté de laquelle s'élevaient en pente douce des prairies éclairées en ce moment par les derniers rayons de soleil qui touchait à l'horizon.

Les chiens avaient de nouveau perdu la trace du brocard, et leur longue promenade dans une eau glacée exerçait une influence fâcheuse sur leurs membres déjà fatigués par une chasse de huit heures.

Quand nous voulûmes les exciter à se remettre

en quête, les plus robustes se prirent à hurler sans bouger de place, et les autres se laissèrent tomber sur l'herbe, dans diverses attitudes, qui toutes témoignaient de leur impuissance et de leur découragement. Il était évident qu'il ne fallait pas plus compter désormais sur eux que sur nos chevaux.

Cependant nous ne perdîmes pas tout à fait l'espoir d'en venir à notre honneur, et nous nous mîmes tous ensemble à chercher notre chevreuil parmi les buissons et les quartiers de rocs qui s'élevaient çà et là sur les deux bords de la petite cascade.

« Ne cherchez pas plus longtemps, Messieurs, — nous cria Perret; — voilà notre chevreuil là-bas. Il n'est guère plus vaillant que nous, mais comme il a de l'avance, et que nous sommes hors d'état de le poursuivre davantage, il se tirera d'affaire encore une fois. »

Nos regards prirent la direction qu'indiquait le bras de notre ami, et nous aperçûmes le chevreuil qui gravissait lentement, comme un voyageur au bout de ses forces, les pentes douces des prairies dont je viens de parler. Au moment où il en atteignait péniblement le sommet, la dernière étincelle du soleil couchant disparaissait dans la brume du soir.

« Sonnez la retraite manquée, dit mélancoliquement César de Moreton en s'adressant aux deux piqueurs. En voilà un qui ne sera jamais pris par personne, puisqu'il a échappé à des meutes telles que les nôtres, et résisté à une chasse comme celle-ci.

VIII

Ce n'est pas sans un vif sentiment de regret, comme on en éprouve à l'heure d'une séparation pénible, que je me vois arrivé à la fin des trois biographies qui viennent de passer successivement sous les yeux de mes lecteurs. C'était une vaillante trinité de disciples de saint Hubert, que ces hommes appelés *Vichy-Saint-Jean*, Charles Brosse et César de Moreton. Le premier, Saint-Jean, a disparu de la scène cynégétique sans qu'on ait su, à ma connaissance du moins, d'une manière bien positive ce qu'il était devenu; le second est mort dans la force de l'âge, plus usé en deux ans par les soucis de la politique, qu'il ne l'avait été, durant près d un quart de siècle, par les fatigues de la guerre et les émotions de la grande chasse à courre; enfin le troisième, aujourd'hui vieux, goutteux peut-être, morose sans doute, quoiqu'il eût un fonds de gaieté qui semblait inépuisable, vit retiré dans son château de Beauregard, aux alentours duquel on n'entend plus retentir comme autrefois les joyeuses fanfares au milieu des sombres aboiements des meutes en pleine chasse.

Il en est heureusement des veneurs justement célèbres comme de tous les autres grands hommes, c'est-à-dire que tout ne finit pas avec eux. Le souvenir de leurs actes de courage, celui des saines doctrines qu'ils ont toujours respectées et propagées, les récits de leurs anciennes *vaillantises* qui se font longtemps encore après qu'ils ont cessé d'occuper l'opinion de leurs hauts faits de la veille, prolongent en quelque sorte leur vie, en leur donnant une nouvelle existence dans la mémoire de ceux qui les ont connus, et cette seconde popularité de la tradition, qui, en excitant moins l'envie, provoque plus facilement le désir de l'imitation chez ceux qui survivent. Grâce aux trois hommes dont j'ai raconté brièvement l'histoire, le Charollais restera, pendant de longues années encore, une des contrées de France, où la grande, sage et savante vénerie de nos pères sera le mieux honorée et pratiquée.

On dit que les sangliers ont presque complétement disparu de ce pays, jadis privilégié entre tous, que les loups y sont devenus rares, quoique la grande

Gargamelle, l'ancienne rivale du pauvre Charles Brosse, soit morte depuis longtemps et n'ait pas été remplacée, et que tout se borne aujourd'hui, à très-peu d'exceptions près, à la chasse du chevreuil et du lièvre, mais traitée de main de maître, comme je le raconterai plus loin. De mon temps, il n'en était point ainsi, car je ne me souviens pas, durant mes divers déplacements à Gueugnon, Marcigny, Saint-Bonnet-de-Joux, et lors de mon séjour de quarante-huit heures à Beauregard, d'avoir entendu un seul rapport de nos piqueurs où il ne fût pas question de sangliers. Les grands animaux de cette espèce, les très-vieux solitaires, les ragots dangereux et les bêtes de garde en bonne *porchaison* s'y trouvaient en nombre plus considérable que partout ailleurs, à l'exception toutefois de certaines forêts de la Haute-Marne dont je parlerai quand j'en serai à l'histoire de la vénerie contemporaine en Lorraine et en Champagne.

Ici se placent tout naturellement, comme preuves à l'appui de ce que je viens de dire, quelques anecdotes empruntées à l'époque dont j'ai parlé, et dans lesquelles figurent les personnages et les meutes que j'ai déjà mis en scène.

Au commencement du printemps de 1830, et à Gueugnon, nous fûmes fort surpris, un matin, en arrivant au rendez-vous d'y trouver déjà de retour mon valet de limier Henri, qui avait été chargé de faire le bois dans une partie de la forêt, sous la conduite d'un garde du pays, où mon homme venait pour la première fois.

Lorsque nous eûmes mis pied à terre, je demandai à Henri comment il se faisait qu'il eût terminé sa besogne d'aussi bonne heure.

Il nous conta alors, en fort beaux termes, suivant sa coutume, qu'en traversant la plaine, au petit jour, pour gagner les bois, son limier l'avait entraîné, toujours le nez au vent, vers des broussailles qui se trouvaient sur sa droite ; que là, il avait reconnu la voie saignante, c'est-à-dire toute fraîche, d'un sanglier qu'il jugeait grand et vieux; que les broussailles descendaient en pente assez rapide au fond d'une espèce d'entonnoir sans communication avec la forêt; qu'il avait fait, uniquement pour l'acquit de sa conscience, le tour de ce singulier rembucher, bien convaincu que l'animal était allé plus loin, mais qu'à sa grande surprise, il n'en était pas sorti.

Le garde qui avait accompagné Henri confirma le fait en ajoutant comme détail qu'il avait défendu à plusieurs pâtres dispersés dans les environs de laisser approcher leurs troupeaux de cet endroit.

« Voilà vingt ans que je chasse par ici, — dit vivement César, — et jamais je n'ai vu un sanglier dans une pareille enceinte.... Mon pauvre Henri, j'ai bien peur pour toi que ton solitaire ne soit quelque grosse truie du voisinage.

— Alors, monsieur le comte, votre limier serait encore plus fautif que moi, — reprit Henri, — car c'est bien lui qui m'a conduit tout droit sur la voie de cet animal, que je n'aurais pas été chercher là non plus, mais que je tiens maintenant pour grand sanglier d'après les connaissances que j'en ai.

— Eh bien ! nous irons voir cela tout à l'heure, » — dîmes-nous les uns après les autres.

Peu après, nos autres valets de limier se montrèrent successivement dans diverses directions, et bientôt nous apprîmes que chacun d'eux avait un bon buisson à nous accuser.

Cette circonstance fit que notre ami César, dont la meute devait chasser ce jour-là, se montra encore plus incrédule pour la découverte de Henri. Cependant, comme elle se trouvait sur notre chemin pour nous rendre à une autre attaque, il fut décidé que nous tenterions celle-là d'abord.

Arrivés à la brisée de Henri, il y eut unanimité pour reconnaître que le pas qui rentrait dans les broussailles et descendait au fond de l'entonnoir était bien celui d'un grand sanglier. Il ne s'agissait plus que de savoir si l'animal était encore là.

César et son piqueur Chopelin, à moitié convaincus seulement, firent le tour du petit gouffre avec le meilleur de leurs chiens, et quand ils revinrent à nous, après avoir terminé cette opération, ils nous apprirent que le buisson était excellent et que l'on pouvait découpler à coup sûr.

C'est un fait dont les veneurs expérimentés tiennent compte chaque fois qu'il se produit, que, dans la chasse au sanglier, tout rembucher téméraire annonce un ennemi redoutable. Ainsi, règle générale, moins un animal prend de précautions pour se préserver lui-même de tout péril, et plus l'on doit être sûr qu'il sera terrible aux hommes et aux chiens.

Par respect pour ce vieil axiome, et persuadés d'ailleurs qu'un solitaire du poids dont nous supposions le nôtre ne ferait pas une bien belle chasse à courre, nous fûmes tous d'avis qu'il fallait tout disposer pour tâcher de le tuer le plus promptement possible.

Nous étions dix veneurs à cheval, y compris nos trois piqueurs, Chopelin, Pierre et René, plus trois ou quatre gardes des bois environnants, et une demi-douzaine de bons bourgeois de Gueugnon, qui étaient toujours des nôtres, et dont nos déplacements faisaient le bonheur.

Parmi eux, il y avait un ancien militaire de l'Empire, brave et digne homme qui, semblable au capitaine Prevot, n'aimait plus que la chasse depuis qu'il ne pouvait plus guerroyer. Bien qu'il fût amputé du bras gauche aussi haut que possible, il n'en passait pas moins, et avec raison, pour un des plus habiles tireurs de tout le pays situé entre la Saône et la Loire, depuis Autun jusqu'à Mâcon.

Les cavaliers mirent pied à terre et, au nombre de vingt environ, chacun placé à une centaine de pas de son voisin, nous entourâmes le bord de l'entonnoir que nous apercevions de haut en bas dans toutes ses parties. Les broussailles qui le tapissaient d'un bout à l'autre étaient beaucoup plus épaisses dans le fond que sur les pentes, et nous jugeâmes que c'était là que devait être notre solitaire.

Ceux d'entre nous qui avaient vu le plus de sangliers morts dans leur vie, estimaient que celui que nous allions attaquer ne pouvait pas peser beaucoup moins de 325 à 350 livres, ce qui était déjà bien joli et ne se voyait pas tous les jours, même dans ce temps-là.

Postés comme je viens de le dire, aucun des divers incidents de cette chasse vraiment exceptionnelle ne devait rester un secret pour nous. Nous vîmes donc découpler les chiens; nous les suivîmes dans toutes leurs manœuvres à travers les buissons qui allaient en s'épaississant de minute en minute à mesure que l'équipage se rapprochait du fond de l'entonnoir; nous entendîmes jusqu'au plus faible des petits cris d'ardeur qui précèdent toujours la grande harmonie des voix, et bientôt un concert des plus réjouissants nous annonça que la tête de la meute arrivait en masse compacte à la bauge du solitaire.

Presque au même instant, celui-ci se montra aussi à nos regards, et la fanfare du lancer éveilla à son tour les échos du voisinage.

Contre notre attente, le sanglier, bien que surpris et serré de près, ne se retourna pas pour essayer de rebuter ses adversaires. Il s'engagea à une allure modérée dans un ravin qui montait du côté de la plaine, et le suivit tranquillement, tout juste en face du poste occupé par notre compagnon le vaillant débris de la grande armée. Il ne pouvait pas s'adresser plus mal pour lui.

Un seul coup de fusil, tiré à dix pas, l'étendit roide mort. Alors nous quittâmes tous nos places pour courir vers le manchot, autour duquel nous nous trouvâmes réunis au grand complet en moins d'un quart d'heure.

Notre première impression à la vue de notre victime fut un étonnement qui allait jusqu'à la stupéfaction.

L'animal mesurait six pieds dix pouces sur le sol depuis la naissance de la queue jusqu'à l'extrémité de la mâchoire supérieure; sa hure était monstrueuse comme la tête du plus robuste taureau; ses défenses croisées par-dessus son groin nous parurent d'une longueur phénoménale, et, quoique le corps fût maigre, il n'y eut qu'une voix pour reconnaître que jamais plus énorme sanglier n'avait été couché sur la poussière devant les personnes présentes.

Il fallut trois hommes vigoureux seulement pour le traîner de l'endroit où il venait d'être frappé, à une place plus commode pour procéder à la curée; et, après cette épreuve, on prit la résolution d'envoyer au plus prochain hameau pour avoir une charrette et une paire de bœufs.

Le soir, lorsque nous rentrâmes à Gueugnon, ayant en outre forcé vaillamment un ragot de 120 livres, nous n'eûmes rien de plus pressé que de nous assurer du poids de notre solitaire. Il pesait encore quatre cent dix livres, quoiqu'il eût subi les diverses opérations que l'on pratique toujours en pareil cas.

La semaine suivante, dans les environs de Saint-Bonnet-de-Joux, nous vîmes débucher en plaine devant nos chiens vingt-trois sangliers de toutes les tailles, et dans le nombre il y en avait quatre ou cinq qui pouvaient passer pour les frères cadets de notre solitaire. Ils traversèrent, comme un ouragan furieux, la route de Châlon-sur-Saône à Charolles, à dix pas de la diligence, dont les chevaux effrayés prirent le mors aux dents. Ce jour-là deux furent tués par les hommes à pied, et nous forçâmes une laie que notre ami Jules Perret saigna à la gorge, alors que la pauvre bête était encore debout sur ses quatre pattes roides comme des piquets.

Qu'on dise encore que la chasse, avec tous les joyeux hasards qu'elle offre, n'est pas le premier de tous les plaisirs !

Ainsi que je l'ai raconté précédemment, il n'y a plus en Charollais ni solitaires, ni bandes de vingt-trois sangliers débuchant ensemble ; mais la vénerie y est toujours en grand honneur, et MM. de la Guiche, d'Aubigny et de Tournon y marchent vaillamment sur les traces de leurs illustres devanciers. Le second de ces veneurs, le comte Louis d'Aubigny, a un équipage pour lièvre et chevreuil, composé de vingt-cinq bâtards anglais très-vites et cependant bien collés à la voie et parfaitement gorgés, avec lequel il force aussi souvent que le marquis de Mac-Mahon de très-glorieuse mémoire. Son château d'Esmiard, situé à proximité des forêts les plus giboyeuses du pays, est tous les ans, pendant la saison d'automne, le rendez-vous de tous les disciples de saint Hubert des environs. Parfois même, à l'occasion de la solennité du 3 novembre, il lui vient des hôtes jusque du Forez et du Lyonnais, car la renommée de sa noble et cordiale hospitalité s'étend au loin. Le théâtre le plus habituel des exploits du comte est la forêt de Chapaize, où chaque carrefour et presque chaque chêne rappellent le souvenir d'une victoire cynégétique. Je n'ai pas eu la bonne fortune d'assister à ces brillantes réunions, mais je sais qu'elles mériteraient d'avoir leur chroniqueur tout aussi bien que les sociétés de chasse les plus illustres dont j'ai raconté les hauts faits. Le comte d'Aubigny est, en outre, un sportman des plus distingués, et son écurie ne le cède à aucune autre pour la beauté et la vigueur des bêtes de pur-sang qu'elle renferme. Ses compagnons les plus assidus sont MM. de Clavière, de Fleurieu, Nodler et de Rouault. Mon neveu, le baron Philippe de Bourgoing, aujourd'hui écuyer de S. M. L'Empereur, était autrefois l'hôte toujours désiré et jamais vainement attendu du châtelain d'Esmiard, et les douceurs de sa vie présente ne lui ont pas fait perdre le souvenir de ces belles et joyeuses réunions.

Le comte a pour piqueur un nommé James, physionomie originale qui mérite de figurer à côté des Morico, des Saint-Jean, des Chopelin et autres. C'est un chef d'équipage d'une rare hardiesse, très-tenace, et qui sait de la chasse à courre tout ce qu'une longue pratique peut en apprendre. James, dans une terrible culbute qu'il a faite, il y a quelques années, a perdu toutes ses dents de devant, et on a cru d'abord qu'il ne pourrait plus sonner, ce qui eût été grand dommage; mais l'intrépide piqueur, inspiré par la nécessité, cette sage et infaillible conseillère, est redevenu une des meilleures trompes du Charollais. Chaque fois qu'il part pour la chasse, il se fabrique, avant d'enfourcher un de ses poney, la *Jaunisse* et *Pousse-Cailloux*, un râtelier avec un morceau de rave ou de carotte, et à l'aide de cet appareil éminemment primitif, ses *requêtés*, ses fanfares et ses appels ne laissent rien à désirer aux connaisseurs les plus difficiles.

IV

OLLA PODRIDA[1].

Avant de continuer ces études par les veneurs du Bourbonnais, du Nivernais et du Morvan, qui doivent composer le second portefeuille de mes croquis et pochades cynégétiques, je voudrais me passer l'innocente fantaisie d'une causerie à bâtons-rompus avec mes lecteurs. J'entends par là les entretenir familièrement, et en quelque sorte les pieds sur les chenets, de diverses choses qui n'ont pu trouver place dans mes esquisses précédentes, leur conter en peu de mots plusieurs faits de chasse extraordinaires qui ont eu pour théâtre les contrées à travers lesquelles je les promène, depuis trois ou quatre mois, tantôt entre M. Marey-Gassandy et

1. Mets espagnol composé de plusieurs viandes.

son piqueur la Plume, tantôt en compagnie de mes braves veneurs du Charollais, et finir par crayonner légèrement pour eux les profils de quelques-uns de ces modestes disciples de saint Hubert qui ont su trouver le bonheur dans la paisible jouissance de parcourir les monts et les plaines, les bois et les champs, un fusil sur l'épaule et sans autre meute qu'un chien couchant, épagneul, griffon ou braque, battant le terrain devant eux : mon article sera donc une véritable olla-podrida.

Comme tout peut entrer dans ce programme dénué de prétention et qui n'a pas d'autre règle que les hasards de ma mémoire, je commencerai par initier mes auditeurs, « je cause, je n'écris pas » à l'existence d'un personnage encore inconnu chez nous, je le suppose du moins, mais dont la singularité physique et morale fait grand bruit, depuis un certain nombre d'années déjà, de l'autre côté de la Manche.

La semaine dernière, un Anglais de mes amis, le colonel G. P., vint me rapporter mon petit livre des *Gentilshommes chasseurs*, que je lui avais prêté peu de jours auparavant.

Tout naturellement, la conversation s'engagea entre nous sur la chasse en France et en Angleterre. Je contai à mon visiteur plusieurs anecdotes récentes qui avaient pour héros les célébrités les plus marquantes de notre vénerie contemporaine, et lui, de son côté, fit valoir de son mieux les illustrations du sport de la Grande-Bretagne.

« Je pense, — me dit-il, — que vos chasseurs l'emportent sur les nôtres pour la science ; mais, comme nous sommes très-orgueilleux, je crois que nous vous surpassons en témérité. Dans tout votre pays, par exemple, je n'ai pas ouï dire qu'il existât un gentilhomme comparable à notre sir Réginald.

— Quel est ce sir Réginald ? — demandai-je, — c'est la première fois que j'entends prononcer son nom, et le *Sporting-Magazin*, que je lis avec attention, ne me l'a pas encore fait connaître.

— C'est l'homme le plus étonnant que j'aie jamais vu, — reprit le colonel. — Il n'a ni bras ni jambes, et il n'en est pas moins le premier sportman des trois royaumes.

— Voyons, colonel, ne vous moquez pas d'un vieil ami.... Ce que vous dites là n'est pas croyable.

— J'en douterais aussi si je ne l'avais pas vu, — repartit froidement mon interlocuteur. — Sir Réginald a le plus beau haras de toute l'Irlande pour les chevaux de chasse et les chevaux de course ; ses élèves, qu'il monte toujours lui-même, gagnent neuf prix sur douze, et il n'a pas de rivaux pour la solidité et la hardiesse quand il fait sa partie dans un steeple-chase, si nombreux et si renommés que soient ses compétiteurs. »

Le colonel avait l'air si sérieux, qu'il fallait absolument ajouter foi à son histoire ou se battre avec lui. Je pris le premier parti, en le priant toutefois de vouloir bien m'expliquer comment un fait aussi extraordinaire que celui qu'il venait de me révéler pouvait être possible.

Voici mot pour mot les détails qu'il me donna.

« Réginald est le second fils de lord J. R., et quand il est venu au monde, toute sa petite personne se composait d'un tronc vigoureusement constitué, et d'une tête qui ressemblait à celle de tous les nouveau-nés.... mais de bras et de jambes il n'y avait pas trace, et l'accoucheur de lady R. déclara que le pauvre petit monstre ne vivrait pas plus de quelques jours. Il vécut cependant, grandit même, et au bout d'une année, sous le rapport de la précocité, de l'intelligence et de la beauté du visage, il l'emportait de beaucoup sur son frère aîné, qui avait cependant dix-huit mois de plus que lui.

A quinze ans, il parlait couramment et avec élégance les principales langues de l'Europe; à vingt, aucune science et aucune littérature ne lui étaient étrangères, et à l'Université d'Oxford, où sa famille l'envoya pour achever son éducation, sous la conduite d'un gouverneur intelligent et dévoué, et sous la garde de serviteurs actifs et ingénieux qui remplaçaient ses membres absents, à Oxford, dis-je, le jeune Réginald ne tarda pas à se faire une réputation des plus brillantes, non-seulement comme étudiant très-remarquable, mais encore comme homme du monde d'une rare distinction. Rien de plus beau que les traits du pauvre cul-de-jatte, de plus pénétrant que son regard, de plus séduisant et de plus entraînant que sa parole. Il semblait que toute la séve sans emploi de sa riche organisation se fût portée vers la partie supérieure de son individu, pour orner son cerveau de tous les dons les plus éclatants du génie humain, et développer son front, le plus large, le plus noble et le plus lumineux d'inspiration que Dieu ait jamais créé.

« C'est dans un château des environs de notre célèbre Université, que j'ai rencontré pour la première fois sir Réginald, dont j'avais, du reste, souvent entendu parler. Tout naturellement, malgré ce qu'on disait de son esprit, de ses talents intellectuels et de son amabilité, je m'en étais fait un portrait peu séduisant. Grande fut donc ma surprise, quand je me trouvai assis à côté de lui dans le salon du château. Ce buste vivant, auquel un siége élevé servait de socle, charmait tellement par l'expression sympathique de sa physionomie, qu'on ne songeait pas même à s'apercevoir de sa cruelle infirmité. Sa conversation était étincelante, et pendant qu'il parlait, il y avait une si prodigieuse vivacité dans ses yeux, qu'il semblait vraiment qu'il eût aussi à son service des gestes pleins d'énergie et de grâce pour ajouter aux charmes naturels de son éloquence. Sir Réginald était fort empressé, galant, passionné même auprès des femmes, et j'en ai vu plus d'une rougir et se troubler quand il lui adressait quelques mots à voix basse.

« A cette époque, ce singulier personnage avait obtenu de sa famille la permission de voyager pendant plusieurs années, et il se disposait à partir pour l'Inde dont les merveilles lointaines séduisaient sa riche imagination.

« L'année dernière, quelques affaires me conduisirent en Irlande, et le hasard me fit arriver à Dublin justement la veille des grandes courses du printemps. Le soir même, je fus présenté au Jockey-club de la ville, et en entrant dans la vaste salle où se faisaient les paris, je reconnus, au milieu d'un épouvantable vacarme humain, la voix de sir Réginald qui dominait toutes les autres. J'appris alors par la personne qui m'introduisait au club que le spirituel cul-de-jatte d'Oxford, devenu lord R., par suite de la mort de son père et de son frère aîné, était maintenant le plus heureux et le plus téméraire sportman de toute l'Irlande.

« Je fus d'abord incrédule comme vous l'avez été tout à l'heure, mon cher marquis; mais dans l'après-midi du jour suivant, je rencontrai lord Réginald sur le *turf*, je le vis monter trois chevaux différents, je l'entendis proclamer trois fois vainqueur, aux acclamations de la foule, et j'allai le complimenter et renouveler connaissance avec lui dans l'enceinte où l'on pèse les jockeys.

« Quarante-huit heures après, j'assistai à un grand et terrible steeple-chase, où il remporta encore le prix sur les plus brillants et les plus intrépides coureurs du pays, et enfin j'eus la bonne chance de l'accompagner plus tard à une chasse au renard que nous fîmes aux environs de Corck, avec l'équipage du lord vice-roi.

« Pendant huit heures, j'ai suivi Réginald à travers le pays le plus difficile de toute l'Irlande ; j'ai sauté derrière lui une vingtaine de murs, autant de haies sèches, et par conséquent, dangereuses, et au moins le double de fossés ; nous avons descendu côte à côte des montagnes à pic à une allure insensée, et galopé au milieu de tourbières où nos chevaux disparaissaient quelquefois jusqu'aux épaules. Voilà ce que j'ai vu, mon cher marquis, et ce que je peux vous affirmer sur la loyauté d'un gentilhomme anglais qui n'a jamais fait un conte de sa vie. Maintenant, vous voulez sans doute savoir par quel prodige un homme sans jambes et sans bras peut être un des meilleurs cavaliers d'un pays où tout le monde monte bien à cheval : je vais tâcher de vous l'expliquer.

« Au côté gauche du haut de la poitrine, là où devrait se trouver la naissance de l'épaule, Réginald porte un crochet d'acier que l'on ferme avec un ressort à porte-mousqueton, quand on y a engagé la bride du cheval.

« La selle, au lieu d'être plate, forme une espèce de creux que je ne peux mieux comparer qu'à un large sceau de cuir fixé par des sangles. L'intérieur est rembourré, et le tour supérieur est garni d'une douzaine de courroies. Quand le cavalier est placé par ses gens dans ce socle creux, on ajuste les courroies à des boucles qui garnissent une solide ceinture qui entoure les reins du cavalier, et celui-ci se trouve ainsi soudé à sa monture, transformée alors en véritable Centaure.

« Comment il la dirige, c'est ce que je ne saurais vous dire d'une manière positive. J'ai lieu de croire cependant, d'après ce que j'ai observé durant cette chasse où nous ne nous sommes pas séparés de tout le jour, que c'est au moyen des mouvements imperceptibles qu'il imprime à son tronc, que sa volonté se transmet à l'animal qu'il monte. Il lui parle aussi quelquefois, mais c'est uniquement pour l'exciter.

« Il a le grand avantage, dit-il, de ne pouvoir jamais être désarçonné, et de ne se casser ni bras ni jambes quand sa monture s'abat sous lui. Vous comprenez que lorsque cet accident arrive, c'est toujours ensemble qu'ils se relèvent, ce qui peut expliquer d'une certaine manière comment, une fois lancé dans un steeple-chase, il atteint plus souvent que ses rivaux le but le premier : il n'a pas besoin de courir après sa bête pour se remettre en selle et reprendre sa course interrompue.... Mais quelle puissance de caractère il a fallu pour réaliser la chimère de devenir un homme de cheval accompli, sans les mains qui sont les instruments de la volonté, et sans les jambes qui forment les poids nécessaires à l'équilibre! C'est là qu'est vraiment le prodige, la force morale tenant lieu de tout.

« Il reste cependant au jeune lord R.... encore un dernier miracle à accomplir. Une vieille légende de sa famille, dont les ancêtres ont, par parenthèse, régné en Irlande il y a un millier d'années, raconte que cette illustre race, réduite à un seul membre, sera relevée et perpétuée un jour par un rejeton très-incomplet. Réginald conte lui-même fort gaiement cette partie de l'histoire de sa maison, et c'est sans manifester la moindre inquiétude qu'il cherche à se marier pour donner raison à la légende. Qui sait s'il n'inspirera pas quelque jour une grande passion? Les femmes sont parfois si bizarres. »

Tel fut le récit du colonel P.... On comprend que je ne fis nulle difficulté de reconnaître que nous n'avions en France aucun sportman que l'on pût comparer à son sir Réginald; mais j'ajoutai que nous aurions pu l'avoir si la puissance de volonté de notre Flamand Ducornet s'était tournée vers l'équitation au lieu de s'appliquer exclusivement à la peinture. Trop pauvre pour se préparer à gagner des milliers de livres sterling à la course, il a dû songer d'abord à gagner son pain : c'est aussi du génie et du courage dans son genre.

Puisque j'ai parlé de courage, je vais en citer deux traits qui me paraissent également remarquables.

IV

Le premier de ces actes d'intrépidité cynégétique, par l'ancienneté de sa date, qui remonte déjà à une trentaine d'années, a eu pour héros un brave sexagénaire, que le hasard avait placé sur le passage d'une chasse dont il ne faisait pas partie, et qui de plus n'était pas stimulé dans son héroïsme par la présence d'une galerie nombreuse, secours toujours utile en pareil cas.

Voici le fait tel qu'il m'a été raconté par le comte Louis de Foudras, l'un des meilleurs veneurs du département de la Loire, où l'événement s'est passé.

Un nommé Antoine, jardinier au château de la Mollière, chez M. le baron de Rosier, était un jour occupé à couper des rames pour ses haricots dans un bois appartenant à son maître, lequel cherchait, ce même jour, des sangliers dans le voisinage. Soudain, tout en tapant à tour de bras avec sa serpe sur les cépées, il crut entendre les cris d'une meute en pleine chasse qui semblait se diriger en droite ligne sur lui. Instinctivement, il suspendit son travail pour prêter l'oreille avec plus d'attention, et il reconnut à ne pouvoir pas s'y tromper les différents timbres de voix des principaux virtuoses qui composaient l'équipage du baron.

En outre, c'était bien de son côté que la musique se rapprochait, et très-rapidement même.

Effectivement, dix minutes ne s'étaient pas écoulées, qu'un énorme sanglier, un solitaire écumant, fumant, rageant et renversant tout sur son passage, venait se relaisser dans le buisson où se trouvait Antoine, et, le jugeant probablement favorable à une résistance désespérée, il s'y installait dans l'endroit le plus fourré, comme un général habile qui se retranche pour mieux repousser une attaque. Là il attendait intrépidement la meute, qui ne tarda pas à l'entourer en poussant des clameurs furieuses.

Dans le premier choc, trois des meilleurs chiens du baron, vieux poitevins adroits, rusés et intrépides, qui s'étaient tirés d'affaire dans cent combats, furent ouverts jusqu'aux entrailles, du flanc à la poitrine, par le terrible sanglier.

Leurs compagnons, un moment mis en déroute par cet échec, revinrent bientôt à la charge avec un redoublement d'ardeur, et furent plus maltraités encore qu'à la première attaque, puisque au lieu de trois il en en resta sur le champ de bataille cinq, dont le moins blessé avait à la gorge une plaie béante à y fourrer le poing.

« Si ça dure longtemps comme çà, — se dit Antoine, — tous les chiens de Monsieur y passeront les uns après les autres. »

Et le brave homme, sans en penser plus long, quittant la touffe de genêts dans laquelle il s'était réfugié d'abord, marcha droit, sa serpe à la main, au solitaire, qui attendait de pied ferme une troisième attaque de l'équipage, de nouveau en déroute et se concertant à l'écart avant de rentrer en ligne.

En voyant un homme, l'animal n'eut pas de peine à comprendre que c'était encore un adversaire qui arrivait.

Chez les sangliers, il n'y a guère plus d'intervalle entre la pensée et l'action qu'il n'y en a entre l'éclair et la foudre lorsque l'orage est directement au-dessus de nos têtes : le nôtre, fidèle au caractère de sa race, se rua donc immédiatement sur le pauvre Antoine, lequel fut jeté à pile ou face à dix pas de là, mais sans blessure, heureusement.

Il se releva, plus irrité que découragé, ramassa sa serpe qui était tombée dans les bruyères, et courut derechef à l'ennemi. Culbuté encore, il fut assez adroit pour se retenir en tombant à une des *écoutes* du sanglier, et, ne l'ayant pas lâchée, il se trouva, quand il se remit debout, que la hure du monstre était pressée vigoureusement sous son bras gauche. La situation, comme on voit, était des plus critiques.

Mise à son aise par cette diversion aussi inattendue que bizarre, la meute se précipita en masse sur les derrières du sanglier et, en quelques secondes, celui-ci fut saisi à la fois par les jarrets, par les *suites* et par les flancs.

Pendant qu'il avait de si désagréables émotions du côté de sa croupe, Antoine lui tailladait l'épine dorsale à grands coups de serpe, dont chacun faisait jaillir des gouttes de sang et des parcelles d'os, et le vaillant homme prenait un si grand plaisir à cette besogne, qu'il ne songeait pas même à appeler au secours.

Par bonheur, les chiens hurlaient de manière à indiquer clairement que leur animal tenait sérieusement les abois. Les chasseurs, dispersés dans les différents postes des environs, se dirigèrent donc tous vers le théâtre de la lutte, sur lequel le comte Louis de Foudras, mon cousin, arriva le premier.

Deux minutes de plus, c'eût été trop tard.

Ce ne fut pas chose facile que de trouver la place de loger une balle dans le corps d'un sanglier qui était couvert de chiens depuis la queue jusqu'au milieu des reins, et dont le cou disparaissait en entier sous l'aisselle d'un chrétien. Mon cousin parvint cependant à lui tirer un coup de fusil à bout portant au défaut de l'épaule, et le terrible solitaire, frappé à mort, s'affaissa sur lui-même.

Mais, avant qu'il eût touché le sol, l'intrépide Antoine tombait sans connaissance de l'autre côté.

Les chasseurs accouraient dans toutes les directions, ne se doutant guère de la scène de carnage qui allait charmer leurs regards.... Un homme, cinq chiens et un sanglier de trois cents sur le carreau, cela faisait un de ces hallalis comme l'on n'en voit pas tous les jours.

On entoura Antoine, qui ne remuait pas plus que son défunt adversaire, et, après les différentes expériences auxquelles on se livre en pareil cas, l'on reconnut, avec une indicible satisfaction, qu'il n'était qu'évanoui.

Quelques gouttes d'eau-de-vie le firent revenir, et l'on s'occupa alors de panser ses blessures, qui étaient toutes dans la région lombaire. Le pauvre diable en avait au moins vingt-cinq ou trente, uniquement coups de boutoir, cela va sans dire, depuis le pli du flanc jusqu'à la naissance de l'épaule gauche. Aucune de ces estafilades n'était d'une profondeur dangereuse, mais toutes jetaient beaucoup de sang, de sorte que le héros de l'aventure en eut au moins pour six semaines avant d'avoir complétement repris ses forces épuisées par cette saignée à nulle autre pareille.

Circonstance bizarre, que je livre à l'observation des fouilleurs de cœurs humains, Antoine n'a jamais eu la conscience de l'acte de courage vraiment extraordinaire que je viens de raconter. Il a affirmé plus d'une fois n'avoir pas songé un seul instant à éviter la fureur du solitaire, après avoir été une première fois culbuté par lui, et il a toujours soutenu ne s'être pas douté, pendant la lutte, de la terrible manière dont le drôle lui labourait le dos, tandis que lui-même lui travaillait les reins avec sa serpe. Qu'une semblable histoire arrive à un Gascon, il en fera une odyssée à laquelle il ajoutera chaque jour un nouveau chant.

Quant à l'autre trait de courage, je puis le raconter *visum-visu*, car j'ai eu l'heureuse fortune d'en être témoin.

Dans l'automne de 1836, nous avions attaqué, avec l'équipage du marquis de Mac-Mahon, un grand sanglier dans la forêt de Planoize, arrondissement d'Autun. Tout Rallie-Bourgogne était là, renforcé de quelques nobles étrangers, que nous considérions comme des membres honoraires de notre société, des espèces d'académiciens libres. La chasse durait depuis deux heures déjà, et l'animal, mené vigoureusement dès le début par la meute infernale du marquis, commençait à être fatigué. Après un long débucher, durant lequel chiens et veneurs l'avaient plusieurs fois rejoint, il était revenu par un détour près de son lancer, et il avait pris domicile dans un immense champ de balais touffus et élevés, où se trouvaient de distance en distance des buissons d'épines presque impénétrables.

Ceux de mes lecteurs qui n'ont jamais suivi une meute dans les balais de l'Autunois ou du Morvan ne se doutent guère à quel point il est facile à un sanglier de s'y défendre avec avantage, et difficile à un cheval ou à un chien de s'y mouvoir ou de s'y reconnaître. Pour les cavaliers, c'est quelque chose d'odieux, une sorte d'ensorcellement insupportable. Du haut de sa monture, on a bien l'espace libre devant soi, mais à quoi cela sert-il, puisque la vue ne peut errer que sur la surface de l'océan de sombre verdure qui vous entoure? Puis, si l'on met pied à terre, dans l'espoir de circuler plus aisément en conduisant son cheval par la bride, on est à l'instant même plongé dans une obscurité aussi profonde que celle qui environne le noyé couché au fond de la rivière.

C'est dans un Éden de ce genre que notre sanglier s'était réfugié, et nous y avions tous pénétré à sa suite les uns après les autres.

Ce ne fut pas sans peine que les chiens le rejoignirent dans l'endroit qu'il avait choisi pour sa défense de pied ferme; mais quelques efforts qu'il fissent, ils ne purent venir à bout de le débusquer du champ de balais. Il allait continuellement d'un buisson à l'autre, ici perçant en avant d'un bond pour traverser les groupes qui cherchaient à lui disputer le passage, et là se retournant pour bourrer les téméraires qui le serraient de trop près, mais en définitive se maintenant toujours dans un espace de cent à cent cinquante pas carrés, assez éloigné du point où nous étions réunis.

Les deux piqueurs, Racot et la Jeunesse, étaient descendus de cheval dans l'espoir de se rapprocher plus vite du sanglier, qu'ils se flattaient de faire déguerpir de là en lui sonnant des fanfares dans les *écoutes*.

Ils parvinrent effectivement jusqu'à lui; ils soufflèrent dans leurs trompes à se rompre les veines du front, mais les choses ne changèrent pas de face.

Ce que voyant, nous prîmes à l'unanimité la résolution de mettre tous pied à terre et de nous traîner à la suite de nos piqueurs jusque sur le champ de bataille. Seulement nous convînmes que l'on ne ferait usage de la carabine qu'à la dernière extrémité et quand on serait bien sûr de ne pas prendre un ami pour l'animal de chasse.

Nous attachâmes nos montures et nous nous coulâmes sous les balais comme des couleuvres, d'abord nous suivant à la file, et bientôt nous dispersant à droite ou à gauche, selon nos inspirations.

Nous arrivâmes ainsi sur le théâtre de la lutte, et

quand nous en fûmes assez près pour pouvoir y prendre part au besoin, nous nous appelâmes à voix basse, mesure de prudence très-naturelle dans la position périlleuse où nous étions.

Deux voix me répondirent : l'une sur ma gauche, qui était celle de Racot, l'autre un peu en avant de moi, qui était celle du comte Étienne de Montmort, excellent voisinage à coup sûr dans une circonstance pareille.

Le sanglier et la meute — le premier surtout — faisaient tout autour de nous un vacarme épouvantable ; mais nous avions beau regarder, il nous était impossible de rien voir d'une façon distincte, même en changeant de place à chaque instant pour tâcher de découvrir une *éclaircie* dans ces diables de balais plus noirs qu'un four.

A force de sonder le taillis avec sa tête et d'écarter les branches à l'aide de ses robustes épaules, Étienne de Montmort parvint à se frayer une petite coulée qui lui permit de gagner un peu de terrain. Je continuai à ramper derrière lui, et nous atteignîmes ainsi un endroit où les balais étaient plus maigres et moins élevés que partout ailleurs.

Nous pûmes alors nous mettre debout et voir à peu près jusqu'à une distance d'une dizaine de pas environ.

Nous aperçûmes d'abord un groupe assez nombreux de chiens qui hurlaient comme des enragés sans bouger de place ; d'autres qui couraient à droite et à gauche, semblables à des éclaireurs qui cherchent à faire une diversion sur les flancs de l'ennemi ; puis un mort et des blessés, et enfin Racot aussi immobile qu'un tronc d'arbre, qui avait sa carabine à l'épaule.

Quant à l'animal, qui était certainement là, il nous fut impossible de le découvrir.

« Je vais faire le tour de ce buisson, — me dit mon compagnon, — en nous séparant, nous aurons deux chances pour une de tirer. »

Comme il prononçait ces mots en s'éloignant, le sanglier sortit du buisson et d'un bond arriva, à demi dressé sur ses pieds de derrière, jusqu'à Étienne qui le prit à bras le corps et l'étreignit contre sa poitrine avec une vigueur à rendre Hercule jaloux.

Ils luttèrent l'espace de cinq à six secondes, tombèrent ensemble, se relevèrent séparément et se rejoignirent de nouveau.

Mais l'intrépide veneur avait eu le temps de dégaîner son couteau de chasse, et comme nous accourions à son secours, Racot et moi, il enfonçait jusqu'à la garde sa lame dans la gorge de l'animal, qui s'affaissa sur lui-même comme le solitaire d'Antoine, en poussant le grognement le plus féroce que j'eusse jamais entendu.

Le vainqueur n'avait aucune blessure apparente,

mais sa poitrine était meurtrie, et pendant plusieurs jours il cracha le sang.

Ouvrir ses deux bras à un sanglier furieux qui se précipite sur vous, au lieu de se jeter de côté pour l'éviter, c'est le courage du veneur poussé jusqu'aux dernières limites du sublime.

Bien que la modeste chasse au fusil et au chien d'arrêt ne soit pas de la vénerie, je ne saurais cependant m'empêcher de consacrer la fin de cet entretien familier avec mes lecteurs à quelques-uns des tireurs bourguignons en compagnie desquels j'ai battu, dans ma jeunesse, les plaines traversées par le Doubs et la Saône, et les collines de la Côte-d'Or, les unes et les autres si giboyeuses. C'est aux environs de la petite ville de Beaune qu'habitaient les plus renommés d'entre eux, et ils y ont laissé des souvenirs qui ne sont point encore effacés aujourd'hui. Le commandant Labarre, MM. Charles Jacquinot et de Changey, et notre ancienne connaissance le brave capitaine Prevot, ont tué plus de lièvres, de perdrix et de bécasses qu'il n'en vient dans tout un hiver à la halle de Paris. Longtemps avant l'adoption des gros calibres, les membres de ce quatuor exterminateur portaient des fusils qui étaient de véritables couleuvrines à deux coups. Ils tiraient à des distances fabuleuses, ne manquaient presque jamais, marchaient sans se fatiguer depuis le lever du soleil jusqu'à son coucher, et déployaient une sagacité de Mohican dans l'art de découvrir le gibier par tous les temps et dans toutes les localités. J'ai vu le commandant Labarre, vieux garde du corps d'avant la révolution, qui avait monté la garde à la porte de Louis XVIII à Mittau, ce qui ne le faisait plus de la première jeunesse, tuer en 1827 quinze bécasses de suite dans des taillis où il fallait marcher le plus souvent courbé en deux, et ainsi ne tirer que très-rarement à son aise. A une autre chasse que j'ai faite avec M. de Changey, dans une saison où les perdrix sont difficiles à approcher, j'ai compté onze coups doubles exécutés de sa main avec un sang-froid brillant au-dessus de tout éloge. Et la Plume, de M. Marey-Gassendi, quel tireur encore! et mon vieux garde Rémondey, dont j'ai écrit l'histoire dans le *Journal des Chasseurs!* Ces chasses dans les vignes et les buis de la Côte-d'Or étaient vraiment les plus agréables du monde. On y marchait sur un sol toujours sec et embaumé par le parfum du thym et du serpolet; on y trouvait du gibier en abondance et qui savait se défendre; on y rencontrait, chemin faisant, de délicieuses petites sources pour se désaltérer, et le soir, lorsque l'on était trop loin de chez soi, le bon gîte s'offrait de lui-même dans chacun des beaux villages qui parent et animent cette riche contrée. Les charmants messieurs habillés de velours et coiffés de chapeaux de Panama, que nos chemins de fer dispersent chaque dimanche aux quatre points cardinaux de la banlieue parisienne, ne s'arrangeraient peut-être pas de nos coteaux bourguignons où le lapin est rare et le faisan aussi inconnu que l'autruche, mais les vrais chasseurs y trouveraient des charmes tout nouveaux, et à la longue il ne serait point impossible qu'ils les préférassent aux tirés populeux et commodes de Seine-et-Oise et de Seine-et-Marne.

Si la plaine Saint-Denis a ses tueurs d'alouettes et de pierrots, la Bourgogne a ses chasseurs de becfigues, et là encore l'avantage est à ces derniers. Dès que septembre arrive, toutes les vignes, depuis Nuits jusqu'à Mâcon, retentissent de petits coups de fusil anodins qu'on prendrait pour des claquements de fouet, sans le léger nuage de fumée qui s'élève, tourbillonne et se perd dans l'espace après chacun d'eux. C'est le temps de liesse du propriétaire de quelques arpents de terrain, et parfois le vrai chasseur ne dédaigne pas ce modeste délassement qui lui procure pour son repas du soir le plus succulent des rôtis : une douzaine de petits oiseaux blancs et dodus, étendus moelleusement entre une fine barde de lard et une feuille des ceps illustres qui produisent le corton, le pomard et le volnay.

V

LES
VENEURS DU NIVERNAIS.

I

MM. BRIÈRE D'AZY ET LADREY ; LE PIQUEUR CHARRIER.

J'aurais ici une occasion toute naturelle de reprendre, pour l'achever, l'histoire de la société cynégétique de *Rallie-Bourbonnais*, que j'avais commencée l'année dernière à cette même place ; mais les veneurs distingués qui la composent ont protesté contre le bien que je me disposais à dire d'eux, et je ne me reconnais plus le droit de revenir sur ce sujet. Je le regrette surtout parce qu'il y aura nécessairement une lacune fâcheuse dans un travail que j'aurais voulu rendre aussi complet que possible dans l'intérêt de la science. C'est certainement une chose fort louable en soi que la modestie; mais que deviendraient les bonnes traditions de l'art si l'on gardait le silence sur les hommes qui ont contribué à les propager par leurs exemples? Depuis que le monde existe, ce sont toujours les leçons du présent qui ont enfanté les progrès de l'avenir.

Du Charollais, que je viens de quitter, je vais donc passer dans le Nivernais, sans m'arrêter en route. Là, la station sera longue, car la mine à exploiter est riche, et je suis convaincu d'avance que mes lecteurs ne s'en plaindront pas.

Au commencement de ce siècle, la plus grande partie de l'ancien duché de Nivernais, qui forme aujourd'hui la totalité du département de la Nièvre, et le quart environ de celui de l'Yonne, était encore à l'état de pays à demi sauvage. Ses chemins de traverse, les seuls qui servissent aux communications de ce temps-là, participant de tous les accidents d'un sol irrégulier, c'est-à-dire coupé presque partout de ravins profonds et de torrents capricieux, n'étaient accessibles qu'aux voitures à bœufs et aux chevaux de selle. Mais comme la sage et prévoyante nature façonne toujours les animaux pour les circonstances locales au milieu desquelles ils sont destinés à vivre, tous ceux de cette contrée étaient de longue date merveilleusement propres à vaincre les diverses difficultés dont je viens de parler. La douceur, la sobriété, l'adresse et la souplesse, le don précieux de deviner les obstacles cachés et l'intrépidité patiente qui aide à les surmonter, étaient des qualités qu'on rencontrait communément chez l'espèce chevaline du Nivernais. Le Morvan surtout, qui comprend un arrondissement tout entier, est particulièrement remarquable sous ce rapport. Son sol granitique arrosé d'une multitude de ruisseaux qui descendent en cascades de ses montagnes couvertes de forêts, ses pâturages secs et légers qui ressemblent à ceux de l'Auvergne, du Limousin et des Pyrennées, son climat plus rude qu'humide, font que le Morvan a encore aujourd'hui une réputation méritée pour ses chevaux, et on y conserve précieusement le nom et le souvenir de quelques uns de ses produits dont les services excitent avec raison l'admiration des contemporains.

Plus un pays a conservé les caractères de la nature sauvage, au milieu des phases diverses de la civilisation, plus les bêtes fauves s'y plaisent et s'y multiplient, et plus les goûts de l'homme se rapprochent des habitudes des temps primitifs. Aussi le Nivernais était-il encore, il y a quatre-vingts ans, une contrée pastorale où la vie s'écoulait à peu de chose près comme aux époques de la féodalité la plus reculée. Possédé presque tout entier par quelques grandes familles riches et populaires, ce noyau du centre de la France échappait aux inconvénients, si communs de nos jours, du morcellement de la propriété. Les bois surtout formaient des masses compactes où la hache et la serpe ne pénétraient qu'à de longs intervalles, et dont les loups et les sangliers étaient devenus les véritables maîtres. Dans des circonstances aussi favorables, la chasse devait être tout naturellement le plaisir préféré des hommes que leurs goûts ou leurs affaires fixaient pendant la plus grande partie de l'année dans quelques-uns des vieux manoirs situés dans le voisinage des grandes forêts dont je viens de parler.

Il va sans dire que la révolution, en détruisant ces existences aristocratiques, changea toutes les habitudes des hommes qui eurent le bonheur d'échapper à l'échafaud ou de revenir sains et saufs des champs de bataille de l'émigration militante. Le noble déduit de la vénerie ne fut plus qu'une tradition reléguée dans les livres, ou conservée comme un souvenir de l'ancien temps, dans la mémoire de quelques vieux chasseurs passionnés. Le Nivernais ne fut pas plus épargné que le reste de la France dans le bouleversement de nos mœurs, et la chasse y fut si bien oubliée, que les animaux sauvages l'emportèrent bientôt en nombre dans le pays sur les animaux domestiques. En 1808, par exemple, les loups parcouraient le département en bandes presque aussi considérables que celles qui ravageaient l'Ukraine et la Lithuanie il y a un siècle. Les routes n'étaient plus sûres à partir du mois de novembre; les nuits s'écoulaient dans des transes continuelles pour les habitants des hameaux isolés; dans quelques grands villages même on allumait des feux de distance en distance pour tenir l'ennemi en respect. C'était une seconde terreur qui recommençait après quinze ans ; mais nous devons dire que les loups de 1808, si redoutés qu'ils fussent, causaient bien moins d'effroi que les tigres de 1793.

Ce fut vers cette époque qu'un grand propriétaire du pays, inspiré plutôt par un de ces sentiments bien entendus d'utilité publique qui sont le privilège des âmes d'élite, que par le désir égoïste de répandre un peu de distraction sur une existence toute remplie de labeurs intelligents, conçut le projet de faire refleurir la vénerie en Nivernais, et de réveiller, après un sixième de siècle de sommeil et de silence, les échos endormis au fond des vieilles futaies du Morvan, où ne retentissaient plus jamais le son des cors et le cri des meutes en pleine chasse.

Ce bienfaiteur de l'humanité à sa manière, qui en valait bien une autre, était M. Brière d'Azy, dont les vastes domaines, situés à quatre lieues de Nevers, dans la direction du nord-est, s'étendaient jusqu'à la lisière du Bazois, petite contrée limitrophe du Morvan.

Possesseur d'une fortune territoriale considérable, agriculteur heureux, expérimenté et savant, grand industriel, dans la noble acception du mot, et tout cela dans la force de l'âge, M. Brière d'Azy devait aussi prendre place parmi les plus célèbres veneurs de notre temps. Doué d'un esprit éminemment organisateur, et dirigé dans toutes ses entreprises, de quelque nature qu'elles fussent, par cette sagacité profonde qui sait faire servir les connaissances acquises à l'étude plus rapide de celles qu'on veut acquérir encore, le châtelain du vieux manoir d'Azy comprit bien vite que la meilleure manière de former un bon équipage était de l'organiser absolument comme une ferme nouvelle ou une usine de création récente, c'est-à-dire en n'y employant que des éléments de qualité supérieure, et voilà comment il s'y prit :

Il avait un parent domicilié dans les Deux-Sèvres, à la porte de cette héroïque Vendée, dont les plaies étaient encore bien saignantes en 1808, et il se dit qu'un pays où la monarchie avait duré dix ans de plus que partout ailleurs en France, devait être aussi celui où toutes les saines traditions de la chasse s'étaient le mieux conservées.

Là, se dit encore M. Brière, les chiens doivent être des héros comme les hommes; j'aurai donc une meute compatriote du garde-chasse Stofflet.

Et il écrivit à son parent de lui envoyer douze

chiens de Vendée, choisis parmi les plus illustres de race et de renommée, sous la garde d'un homme doué de toutes les qualités nécessaires pour les bien conduire.

La commission était donnée à un connaisseur plus capable sous tous les rapports qu'aucun autre de s'en bien acquitter, et trois mois s'étaient à peine écoulés que M. Brière recevait un billet dont le laconisme ne lui devait laisser rien à désirer ; le voici dans toute sa simplicité :

« Je vous envoie treize chiens, plus un piqueur, le sieur Charrier. Les bêtes sont parfaites et l'homme les vaut. »

C'était l'exacte vérité.

A cette époque, les chemins de fer avec leurs wagons exclusivement réservés à la gent canine n'existaient pas encore, et les diligences ne suivaient que certains parcours à des intervalles plus ou moins longs. Charrier et ses treize chiens firent donc à pied le voyage de Vendée en Nivernais, et après une longue marche ils arrivèrent en vue du château d'Azy. Jusque-là les chiens avaient toujours cheminé couplés et sous le fouet ; mais leur conducteur, se voyant si près du but, voulut qu'ils se montrassent pour la première fois à leur nouveau maître dans l'attitude gracieuse et fière de la liberté la plus complète ; en conséquence, il leur ôta leurs couples en un tour de main et entra avec eux dans l'avenue du château. Malheureusement, un troupeau de moutons paissait près de là, et les vendéens, aussi fragiles à la tentation que des matelots qui viennent de passer six mois à bord sans prendre terre, les vendéens, dis-je, s'élancèrent à toutes jambes et en criant comme des enragés sur les pauvres moutons, qui ne s'attendaient pas à une pareille attaque, les mirent facilement en déroute et en étranglèrent cinq ou six. C'était un singulier début pour des animaux justement destinés à combattre à outrance le plus terrible ennemi de la race ovine, et un poëte comme La Fontaine eût trouvé là à coup sûr une excellente occasion de mettre en apologue une de ces bonnes vieilles vérités dont l'application est éternellement juste. Charrier, l'oreille basse et la mine piteuse, débuta donc au château d'Azy par le récit d'une mésaventure qui, au premier abord, n'était pas plus à son honneur qu'à celui de sa petite meute, mais il s'exécuta de si bonne grâce et en si bons termes, les chiens qui l'entouraient avaient une si grande mine et des allures si dégagées que M. Brière, qui se connaissait aussi bien en hommes qu'en bêtes, ne fit que rire comme un bienheureux de ce qui venait d'arriver, et il se borna à dire au piqueur contrit que si ses chiens étaient aussi francs sur le loup que sur les moutons, tout irait à merveille.

Cependant l'équipage amené de si loin avait été exclusivement dressé pour le cerf, dont l'espèce n'existait plus depuis longtemps dans les forêts du Nivernais, et Charrier lui-même ne connaissait à fond que la chasse de ce noble animal. Il fallait donc qu'il refît son éducation et celle de sa petite meute. Dès que cette dernière fut bien reposée, il prit un matin celui de ses chiens qu'il jugeait le plus propre à faire un bon limier, et le voilà parti pour les bois, ne sachant du loup qu'une chose peu encourageante pour un débutant, c'est qu'il n'y a pas d'animal plus difficile à rembucher. Il entre dans le premier fort qui se présente à ses regards. Quel est son étonnement : le chien se rabat partout ; les sentiers sont brodés de traces nombreuses qui se croisent en tous sens ; on voit que les loups marchent en bandes, et Charrier, rassuré par l'ardeur que montre son limier, comprend qu'une longue suite de triomphes l'attend.

Dès la première campagne, qui commença peu de semaines après cette tentative de Charrier, le bruit des succès remportés par les vendéens de M. Brière, se répandit dans tout le Nivernais, et la nouvelle eut pour résultat immédiat de tirer de leur longue apathie les anciens veneurs du pays, qui n'avaient pas entendu crier un chien ni résonner une trompe depuis près de vingt ans. Quelques-uns d'entre eux vinrent au château d'Azy et s'associèrent aux travaux cynégétiques du châtelain, Celui-ci avait pour compagnon plus habituel et en quelque sorte pour lieutenant, le directeur de ses principales usines, un M. Ladrey, qui existe encore à l'heure où j'écris ces lignes, et dont la mémoire sera longtemps chère à tous les disciples de saint Hubert du Morvan. Exclusivement homme d'affaires jusqu'à sa première chasse, M. Ladrey se trouva, du soir au lendemain, être un veneur passionné, et, chose plus bizarre encore, un veneur expérimenté à force de sûreté d'instinct. C'était pour l'action un corps de fer, et dans les relations sociales un esprit charmant, ce qui ne gâte rien, même chez un homme dont la vie s'écoule en grande partie au milieu des bois. M. Ladrey vous menait une chasse avec l'ardeur joyeuse et brillante que mettait le grand Condé à gagner une bataille; il n'y a au monde que la France pour produire de semblables hommes.

Avec l'aide d'un lieutenant aussi habile, et sous la direction d'un capitaine tel que M. Brière, l'équipage vendéen ne pouvait guère manquer de soutenir la belle réputation qu'il s'était faite dès ses débuts. Toutes les forêts de la Nièvre ont retenti pendant près de quarante ans des clameurs de cette intrépide et savante meute. Le registre de ses hauts faits, tenu par M. Ladrey avec la même ponctualité que les comptes des usines placées sous sa surveillance, présentait, à la fin de l'année dernière, le total vraiment fabuleux de douze cent quarante-cinq loups détruits à partir de l'arrivée des vendéens dans l'arrondissement de Nevers. M. Brière était descendu depuis longtemps déjà dans la tombe, et Charrier quitta alors le Nivernais ; mais l'équipage d'Azy, grâce au zèle passionné de M. Ladrey, s'est maintenu ce qu'il était jadis, comme ces héritages préférés que les générations se transmettent les unes aux autres avec la recommandation expresse de les cultiver avec une prédilection toujours croissante.

Le talent et la persévérance que Charrier a mis à fixer dans la race vendéenne amenée par lui en Nivernais toutes les qualités qui distinguaient les meilleurs de ses treize premiers chiens, sont au-dessus de tout éloge, et l'histoire des croisements qu'il a essayés ferait à coup sûr un livre d'une grande utilité pour tous les chasseurs qui s'occupent d'élevage. Tous les chasseurs de la contrée gardent encore le souvenir des *Renfort* et des *Floridor*, deux héros à quatre pattes qui ont égalé sinon surpassé l'incomparable *Nicanor* du comte Abel de Vichy. Ces deux illustres bêtes, qui avaient passé du chenil de M. Brière dans celui de M. Jourdan Dumazot, un autre rude chasseur de loups du pays, ont vu leur juste renommée confirmée par un mot du comte Alexandre de Vitry, autorité bien compétente en pareille matière.

Son frère, le marquis, dont j'aurai occasion de parler dans la suite de ce travail, venait de faire découpler sa meute sur la rentrée d'un vieux loup. La voie était haute, froide, le temps contraire, et le rapprocher s'en allait toujours plus languissant à mesure que les chiens perçaient en avant sur la trace du vieux loup. A peine si de loin en loin quelques cris peu chaleureux annonçaient qu'un malin de l'équipage en *reconnaissait* encore. L'heureux propriétaire de Renfort et de Floridor, qui assistait à cette chasse, avait amené son couple de chiens, et en veneur habile et peut-être un peu orgueilleux de leur supériorité, il les tenait en réserve pour ne les produire qu'au moment où le succès de la journée serait compromis. Sur la demande du marquis de Vitry, il les découple, les deux gaillards goûtent la voie, l'empaument sans la moindre hésitation, et toujours criant, ils entraînent le reste de la meute, laquelle va, sous leur conduite, lancer le vieux loup dans un fourré du Morvan, à quatre grandes lieues de là. « *Jourdan*, — dit alors Alexandre de Vitry, — *vous avez là deux chiens savants* qui *valent leur pesant d'or.* »

Les chasses de cette époque étaient longues, et les chemins ne ressemblaient guère à ce qu'ils sont devenus depuis une vingtaine d'années. Pour suivre les chiens, fussent-ils même d'une vitesse fort ordinaire, il fallait des chevaux aux allures rapides, au pied sûr, à l'haleine longue et à la constitution robuste. M. Brière et son continuateur, M. Ladrey, surent créer, en peu d'années, une race entièrement conforme à leurs besoins. Les premiers, dans le département de la Nièvre, ils demandèrent à l'administration des haras d'envoyer au dépôt de Corbigny quelques étalons de pur sang. Leur requête reçut un accueil favorable, les nouveaux générateurs firent toujours la monte dans leurs domaines, et le résultat surpassa si bien leur attente qu'il y a encore aujourd'hui en Nivernais une race très-estimée qui est connue dans le commerce sous le nom de race d'Azy.

Aujourd'hui aussi des routes magnifiques sillonnent en tous sens cette contrée, et un jeune château s'est élevé à peu de distance de l'ancien; mais la meute est restée dans le vieux manoir, sous la direction de M. Ladrey, qui, à force d'avoir tué des loups, n'en trouve plus guère à inscrire sur son fameux registre.

Quant à Charrier, à qui ses nombreux triomphes n'avaient jamais pu faire oublier complétement la chasse du cerf, son premier métier, il est retourné, aussitôt après la mort de M. Brière, à son animal favori. Longtemps encore il a conduit, avec une rare distinction, l'équipage de M. de Nanteuil, et quand il a senti venir la vieillesse, il a fait un *ourvari* vers sa terre natale, pour y vivre paisiblement du fruit de ses économies ; rare exemple pour un piqueur, car les gens de cet état ont presque tous le laisser-aller, **la générosité et l'imprévoyance des artistes.**

II

LE MARQUIS ET LE COMTE DE VITRY; HENRI LE NÈGRE;
LA BRISÉE.

Les forêts qui couvraient alors la plus grande partie du Nivernais et du Morvan en particulier étaient trop étendues, et les loups s'y montraient en bandes trop considérables et trop audacieuses, pour qu'un seul équipage, quelque bien conduit qu'il fût, pût suffire à tous les combats qu'il fallait livrer contre ces animaux. Nous allons donc raconter maintenant comment il arriva que M. Brière d'Azy, après avoir trouvé, dès sa première campagne, d'ardents et joyeux compagnons de chasse, ne tarda pas à trouver aussi de dignes imitateurs qui l'aidèrent avec un zèle au-dessus de tout éloge, à débarrasser presque complétement le pays des hôtes incommodes qui en étaient devenus en quelque sorte les maîtres en peu d'années.

A cette époque, le souvenir des mauvais jours de la révolution s'était effacé, et chacun reprenait insensiblement un genre de vie plus conforme au gouvernement fort et réparateur qui avait succédé à nos discordes civiles. Les fortunes détruites commençaient à se rétablir par l'économie et la bonne administration; les vieux châteaux en ruine se relevaient en modestes manoirs, et une nouvelle génération, qui n'avait vu que dans son extrême jeunesse les crimes et les hontes d'un passé que personne n'osait glorifier alors, se livrait avec ardeur à tous les plaisirs et à tous les exercices qui demandent de la vigueur, de l'adresse et de la témérité. Les beaux danseurs reparaissaient dans les bals; l'escrime était remise en honneur comme au temps où tout homme ayant reçu une bonne éducation portait une épée à son côté, et l'équitation savante d'autrefois avait cessé d'être proscrite comme une distinction sociale insultante pour le vulgaire. La politique belliqueuse de Napoléon, bien qu'elle jetât un peu de trouble dans certaines grandes familles, déjà décimées par l'exil et l'échafaud, favorisait ces dispositions énergiques de la jeunesse, et le grand empereur était bien homme à deviner un futur gagneur de batailles dans un exterminateur de loups et de sangliers. C'est à ce moment que le marquis et le comte de Vitry, deux frères appartenant à une vieille race du Nivernais, s'associèrent pour assister le châtelain d'Azy dans son entreprise de restauration de la vénerie en Morvan. Leur père avait sauvé du grand naufrage de 1793 quatre terres considérables, et les jeunes chasseurs ne rencontrèrent aucun obstacle dans l'exécution de leur généreux dessein.

Le marquis de Vitry semblait avoir été créé pour montrer aux temps nouveaux, à qui les bonnes traditions manquaient, le type accompli du veneur de l'ancien régime. Il était de haute taille et de noble prestance. Ses traits fins et cependant accusés avaient de la douceur et de la distinction. Le calme un peu solennel de ses manières annonçait qu'il devait apporter dans l'action de la chasse plus d'esprit d'observation que de fougue et d'initiative. Il était froid, mais tenace, cavalier d'une rare élégance et tireur fort habile au bois. A l'exception du marquis de Pracomtal, dont je parlerai bientôt, personne ne présidait mieux que lui une nombreuse réunion de veneurs. J'ai souvent pensé que saint Hubert le couvrait d'une protection toute spéciale, comme un de ses plus dignes disciples.

Le comte Alexandre, son cadet de quelques années, ne lui ressemblait ni au physique ni au moral. Il était de stature moyenne, taillé carrément des pieds à la tête, et porteur d'une physionomie vigoureusement accentuée, qui sentait bien plus le baron du moyen âge, alors qu'on attaquait le loup et le sanglier avec l'épieu et l'arbalète, que le gentilhomme du dix-neuvième siècle, armé du fusil à deux coups. Chez lui, la passion de la chasse avait pris tout d'abord la sombre ardeur du fanatisme religieux. Les principes le préoccupaient moins que les résultats, et comme tous les sectaires il était peu scrupuleux sur le choix des moyens, pourvu que la réussite fût certaine. Il enfourchait résolûment le premier cheval venu sans s'inquiéter s'il avait un bon ou un mauvais caractère, se jetait avec une farouche indifférence au plus épais des taillis les moins abordables, et quand un solitaire furieux tenait les abois, il était rare que quelqu'un arrivât avant lui au secours de la meute en détresse.... La rudesse de son langage et la rusticité de ses manières ne l'empêchaient pas d'être un compagnon recherché pour la jovialité de son humeur et la parfaite bonté de son caractère. Alexandre de Vitry a conservé la vue nette et la main sûre pendant près d'un demi-siècle, et il s'est maintenu plus longtemps encore droit sur sa selle et ferme sur ses étriers. C'est sans contredit une des plus belles carrières d'homme de chasse dont puisse s'enorgueillir la vénerie française de notre temps.

La meute des deux frères se composa d'abord

d'une vingtaine de chiens à poil ras, bien faits, légers, plus petits que les Poitevins, mais plus lestes dans leurs mouvements, plus adroits à éviter un coup de dent ou un coup de boutoir, plus mordants et plus chauds de gueule. Ils étaient blancs, sobrement tachetés de noir ou de fauve, comme les grands chiens de cerfs. Cette race excellente est complétement perdue aujourd'hui en Nivernais, et je ne sache pas qu'elle existe encore dans d'autres pays.

Dans des bois aussi vastes et aussi mal percés que ceux du Morvan, où les chevaux, pendant six mois de l'année, ne se tiraient des boues qu'avec des efforts inouïs, il fallait de toute nécessité un infaillible instinct des refuites pour savoir bien prendre son poste, une grande sûreté de main et un coup d'œil de Mohican pour terminer à propos la chasse par une balle. Ces qualités essentielles du bon chasseur à tir, le marquis et le comte de Vitry les possédaient au plus haut degré. Le second y joignait en outre une de ces organisations de bronze et de granit qui résistent à toutes les fatigues et bravent toutes les intempéries des saisons. C'était surtout pendant l'hiver, lorsque les bruyères et les balais du Morvan disparaissaient sous une épaisse couche de neige, que le comte Alexandre, qui méprisait la vie commode des grandes villes, se plaisait à parcourir, à la suite de l'équipage, les forêts courbées sous le givre et les chemins transformés en torrents de glace des environs de Fours, de Moulins-Engilbert et de Château-Chinon. Si courtes que fussent alors les journées, il était bien rare qu'il rentrât au logis sans porter en croupe un chevreuil, un sanglier ou un loup. Chez les deux frères, jamais un instant d'hésitation quand il s'agissait d'aller au loin délivrer un village, un hameau ou même un misérable domaine de quelque voisinage malfaisant. Ils s'installaient gaiement dans un bouge peuplé d'enfants malsains, de volailles malpropres, de quadrupèdes insociables, et ils dormaient tout d'un somme jusqu'au lendemain, après avoir soupé d'une mauvaise omelette et d'un pain de seigle plus noir que la cheminée du gîte rustique. Au milieu de ces petites misères, l'humeur égale et douce du marquis ne se démentait pas plus que la grosse gaieté du comte, et l'un et l'autre se montraient toujours contents, pourvu qu'il y eût un peu d'espoir de découpler sur une bonne brisée au retour de l'aurore.

A des hommes que n'arrêtaient ni le froid, ni la pluie, ni l'état des chemins, — ceux du Nivernais passaient alors avec raison pour les plus mauvais de France, — il fallait nécessairement un piqueur doué d'une organisation exceptionnelle, et de plus d'une incontestable supériorité dans sa profession, car si le Morvan, de 1810 à 1825, exigeait des montures qui fussent de véritables chevaux savants, il rendait aussi indispensables des chefs d'équipage adroits et solides

comme des clowns. La Providence accorda ce phénix
à MM. de Vitry dans la personne d'un nègre ramené
de la Guadeloupe par le marquis de Perthuis, ami
intime des deux frères. Henri, ainsi se nommait le
nègre, était né piqueur comme on naît peintre,
poëte ou conquérant. Il aimait la chasse avec frénésie, était adroit tireur, écuyer excellent, et, grâce à
toutes ces heureuses qualités natives, il se trouva,
au bout de quelques mois d'exercice de ses nouvelles
fonctions, digne d'être compté au nombre des plus
grands maîtres de la science cynégétique. Alors commença pour la meute de MM. de Vitry une suite non
interrompue de succès, dont le bruit se répandit
bien au delà des limites du département. On racontait des choses extraordinaires jusqu'à l'impossible
des deux frères, de leur nègre, de leurs chevaux et
de leur équipage. Comme l'invincible armée du
grand Empereur, chacun de leurs combats était une
éclatante victoire. Les loups, glacés de terreur par
tant de défaites successives, s'étaient mis à vivre de
racines comme des solitaires revenus des vanités de
ce monde; les sangliers les plus avisés perdaient
l'instinct de la conservation dès qu'ils entendaient
les requêtes du nègre ou les premiers coups de voix
de ses chiens de tête, et ils se livraient alors à des
excentricités vraiment comiques. En voilà un exemple dont j'ai failli être témoin, car j'ai passé sur le lieu
de la scène quarante-huit heures après l'événement.

Au mois de septembre 1817, sur les cinq heures de l'après-midi, la paisible petite ville de Château-Chinon fut tout à coup mise en émoi par le son retentissant des trompes et l'harmonie émouvante d'une meute en pleine chasse. Chacun se hâte d'accourir sur sa porte, et de l'extrémité de la rue principale on voit déboucher un énorme quartan fumant, écumant, l'œil égaré de fureur et d'effroi, que poursuivaient vingt-cinq chiens acharnés et trois ou quatre cavaliers, qui remplissaient les airs de leurs acclamations joyeuses. Le sanglier se dirige successivement vers plusieurs portes qui se ferment devant lui, et, parvenu à l'autre bout de la rue, en présence d'une maison qui lui faisait face, il avise une fenêtre ouverte au rez-de-chaussée, et d'un bond il saute dans l'intérieur.

La maison était une auberge, et la fenêtre éclairait le n° 1, la chambre d'honneur.

Il s'y trouvait en ce moment un voyageur qui faisait tranquillement sa barbe devant un petit miroir. La surprise fut grande d'abord de part et d'autre, comme il est aisé de l'imaginer; mais le voyageur se remit bien vite. C'était un intrépide chasseur des environs de Saulieu, dans la Côte-d'Or, nommé M. Lalligant. Il jette son rasoir, pousse vivement la fenêtre pour couper la retraite à l'ennemi, et, saisissant d'une main intrépide son ample et solide manteau de drap bleu, il le lance sur le sanglier, l'enveloppe de ses plis nombreux, neutralise ainsi tous ses moyens de défense, et le prenant à bras le corps, il livre ce prisonnier d'une espèce toute nouvelle à Henri, qui arrivait flamberge au vent.

Moins d'une minute après, on sonnait l'hallali par terre en présence de deux ou trois cents personnes qui s'étaient rassemblées en un clin d'œil autour de l'auberge.

Quand je logeai là à mon tour, ainsi que je viens de le dire, le plancher de la chambre était souillé, à la place où l'animal avait succombé, de plusieurs taches de sang noir qui n'avaient pas eu le temps de sécher encore, et l'aubergiste les montrait avec autant d'orgueil qu'en met le concierge du palais d'Holy-Rood à indiquer aux voyageurs l'endroit où périt le pauvre Rizzio.

Quand vint la Restauration, le marquis de Vitry, qui était entré dans la maison du roi en qualité d'aide-major de la compagnie des gardes commandée par le duc de Gramont, n'habita plus guère sa terre du Nivernais que pendant quelques semaines de la saison des chasses, mais il n'en maintint pas moins son équipage sur un pied respectable, et le nègre, sous la direction du comte Alexandre, continua le cours de ses hauts faits. Plus tard, quand les fatigues du métier et l'abus du jus de la treille l'eurent vieilli avant l'âge, on le remplaça par un jeune gaillard de vingt ans qui eût mérité certainement une place à côté de l'illustre Charrier, si l'amour du vin n'eût paralysé aussi en peu d'années ses heureuses dispositions. C'était Pierre Guenot, dit la Brisée. Élève de l'excellente école d'Azy, il réunissait à la science du valet de limiers le plus consommé une rare habileté pour suivre ses chiens. Toujours sur leurs pas et souvent au milieu d'eux, la chasse était pour lui une perpétuelle course au clocher. Monté habituellement sur un cheval morvandeau qui, seul, a suffi pendant six années aux expéditions les plus rudes, rien ne pouvait arrêter l'intrépide piqueur. Le Blond — c'est ainsi que s'appelait l'infatigable alezan — ne connaissait pas d'obstacles. Lorsqu'il rencontrait sur son chemin une de ces haies d'épines qu'on ne taille jamais et qui s'élèvent quelquefois à une hauteur de huit pieds, l'intelligent morvandeau savait bien que ce n'était plus l'affaire de ses jarrets, si robustes qu'ils fussent. Il appuyait alors son poitrail contre la haie, pesait sur elle de toute sa force et finissait par faire céder les branches les plus solides et les mieux armées. On parle encore aujourd'hui du brave le Blond dans les réunions de chasse du Morvan, et on en raconte des traits de vigueur et d'adresse qui n'ont pas été surpassés depuis par des animaux de son espèce dont la renommée s'est répandue fort injustement beaucoup plus loin.

Lors des heureux débuts de la Brisée, la meute du

marquis de Vitry, qui habitait à cette époque la magnifique terre de Limanton, était composée de trente à trente-cinq chiens qui n'eurent jamais leurs pareils dans le Nivernais. Plus grands et plus forts que les vendéens, ils criaient comme des normands d'autrefois et avaient le train des bâtards anglais de nos jours, peu communs encore dans ce temps-là. Cette race nouvelle, qui formait le second équipage des deux frères, était due à un heureux croisement dont nous allons raconter l'histoire dans l'intérêt de la science.

Le marquis de Vitry avait pour voisins de campagne deux intrépides veneurs, jeunes, bien bâtis, infatigables comme les chevaux de la contrée, passionnés, cela va sans dire, et par conséquent faisant de la chasse leur distraction favorite, leur passe-temps le plus habituel. Ils conduisaient eux-mêmes leurs chiens, et les suivaient avec une persistance et une énergie dont bien peu de maîtres sont capables aujourd'hui. Souvent la nuit les surprenait à cinq à six lieues du lancer, et plus loin encore du logis, aussi acharnés que le matin à la poursuite de l'animal qu'ils avaient attaqué sept, huit ou dix heures auparavant. Alors ils *brisaient* soigneusement sur le dernier *revoir*, recouplaient leur meute, qu'ils avaient d'abord rompue, puis ils cherchaient à tâtons, dans une obscurité plus ou moins profonde, quelque métairie ou, à son défaut, une hutte de sabotier où ils pussent réclamer l'hospitalité. Dieu sait de quoi soupaient et sur quoi couchaient nos deux intrépides chasseurs dans ces occasions-là! Mais tout leur était égal en fait de nourriture et de gîte, pourvu que le soleil du lendemain leur permît de reprendre leur poursuite interrompue au point où ils l'avaient laissée malgré eux la veille. Quand ils donnaient à leurs chiens la voie refroidie de l'animal de meute, voie sur laquelle il avait souvent plu ou neigé, le vaillant équipage l'empaumait aussi chaudement que si les traces eussent été toutes récentes, et le relancer ne se faisait pas attendre longtemps. Les heureux possesseurs de ces excellentes bêtes étaient MM. Massin frères, et à l'heure où j'écris ces lignes, l'un d'eux conserve encore la descendance de cette admirable race dans sa jolie propriété de Pron.

Cette petite meute modèle voyait avec orgueil et confiance à sa tête une merveilleuse chienne aux poils longs et soyeux comme ceux d'une épagneule d'illustre origine, aux grands yeux fauves, brillant d'un feu extraordinaire sous deux touffes frisées comme la blonde chevelure d'un chérubin. Le marquis de Vitry avait plus d'une fois jeté des regards d'admiration et de convoitise sur cette Ninon à quatre pattes, et il se dit un jour que s'il la demandait en mariage pour le plus remarquable de ses chiens à poil ras, il sortirait de ce couple si bien assorti une lignée dont on parlerait longtemps. Il fit sa proposition dans les termes flatteurs d'un père ambitieux qui recherche une belle et riche héritière pour le plus aimé de ses fils, et MM. Massin, en excellents confrères en saint Hubert qu'ils étaient, accordèrent leur incomparable lice, qui n'en était pas à ses premières noces. Le résultat dépassa toutes les espérances, et en trois années l'équipage entier du marquis était renouvelé. A partir de ce moment, rien n'égala la nouvelle meute pour la finesse du nez, la vitesse et la tenue, la sûreté dans la voie et le parfait ensemble. Ce fut alors, pendant près d'un dixième de siècle, une suite non interrompue de chasses toutes plus belles les unes que les autres. Dans le nombre, quelques-unes font encore l'admiration des vieux chasseurs du pays, et je me flatte que celle que je vais raconter à mes lecteurs leur paraîtra bien choisie.

Un matin l'un des gardes vint dire au château du marquis qu'il avait vu, au point du jour, un grand loup rentrant dans les bois de Ray, lesquels enveloppent comme d'une vaste ceinture toute la partie est et nord de la belle terre de Limanton, au centre de laquelle se déroulent cent hectares de magnifiques prairies arrosées par la rivière d'Aron. C'était par un de ces temps doux, calmes et brumeux du commencement de novembre où tout semble se réunir pour procurer à des veneurs une journée de joie sans mélange. A neuf heures, tout le monde montait à cheval dans la cour du château, et la Brisée, qui était allé s'assurer par lui-même du mérite de la voie indiquée par le garde, la déclarait de bon temps; ainsi l'attaque devait être sûre. Vingt-cinq chiens furent découplés à la fois. Le loup, dont l'estomac était probablement bien lesté, se leva avec la lenteur d'un chanoine qui s'est promis de digérer en paix. Il y eut un abois de quelques minutes à la suite duquel l'animal se décida enfin à partir. Bien que le canton de bois dans lequel on venait de l'attaquer eût été garni de tireurs placés dans les meilleurs postes, il eut l'adresse ou le bonheur d'en sortir sans avoir reçu un coup de fusil. Après un assez long débucher à travers les champs, il gagna les masses boisées qui entourent Saulières, reprit de nouveau la plaine dans la direction de la petite ville de Moulins-Engilbert, traversa une rivière à la nage, et soit calcul, soit commencement de fatigue, finit par se laisser rejoindre par les chiens. Il persévéra si bien dans cette ruse héroïque, que vers les trois heures de l'après-midi, il avait l'air de faire partie de la meute, au milieu de laquelle il galopait tranquillement, sans autre démonstration hostile que d'exhiber de temps en temps, sous la forme d'un sourire équivoque, sa double rangée de dents blanches aux familiers de l'équipage qui le serraient de trop près. J'ai vu deux ou trois fois dans ma vie une semblable comédie, et je déclare qu'il n'y en a pas de plus amusante pour un chasseur.

Comme les deux débuchers avaient été longs et rudes, il arriva que tout le monde était resté successivement en arrière, à l'exception de l'intrépide la Brisée, monté, comme toujours, sur l'infatigable Blond. A la chute du jour, ils se trouvaient, l'un portant l'autre, à peu de distance d'une métairie, aux alentours de laquelle les chiens venaient de tomber en défaut. Ils battaient les chemins, sondaient du museau les profondeurs des haies, flairaient aux portes des granges et des étables, mais le tout sans retrouver la moindre trace de l'animal dans la compagnie duquel ils avaient vécu si intimement pendant quelques heures. Une petite bergère d'une quinzaine d'années était là qui les regardait travailler et avait dû voir arriver la chasse. La Brisée l'interrogea à diverses reprises sans pouvoir obtenir d'elle aucun renseignement. A l'en croire elle ne savait rien; elle n'avait pas regardé; il n'était guère probable qu'un loup fut venu aussi près d'un lieu habité à une heure où tout le monde était encore debout dans la ferme, et autres raisonnements de ce genre. Néanmoins la Brisée ne voulut pas quitter immédiatement la place, parce qu'il était sûr que sa meute n'avait pu se tromper en criant jusque-là. Il la rassembla sous son fouet et décrivit avec elle de grands cercles autour du domaine. Les chiens retrouvaient la voie, mais ils la perdaient toujours à la même place comme la première fois : évidemment il y avait là un mystère incompréhensible, un obstacle impossible à surmonter. Après deux heures d'efforts inutiles, la Brisée reprit à regret le chemin de Limanton, où il raconta en arrivant sa mésaventure aux autres veneurs qui étaient depuis longtemps de retour au château.

Le lendemain, les habitants du domaine, en habits du dimanche et précédés d'un joueur de musette, promenaient dans les rues de Moulins-Engilbert un grand loup très-maigre, qu'ils avaient suspendu à un baliveau par les quatre pattes pour le porter plus facilement. Ils s'arrêtaient devant les principales maisons de la ville, où on leur donnait, suivant l'usage, des œufs, du lard et quelques petites pièces de monnaie.

Voici ce qui s'était passé :

Après le départ de la Brisée, la veille au soir, la rusée bergère qui avait prétendu ne rien savoir et n'avoir rien vu était venue en toute hâte dire à ses maîtres qu'un loup, poursuivi par la meute du *bourgeois* de Limanton, s'était glissé dans la grange, où il devait être encore, caché derrière un monceau de planches. On fut d'abord incrédule, mais la bergère soutint qu'elle ne mentait pas, et alors chacun s'arma de ce qui lui tomba sous la main pour aller à la recherche du loup. Le maître, un fusil prêt à faire feu placé sur l'épaule, marchait en tête de la petite troupe, qui espérait bien ne pas rencontrer l'ennemi.

Il en fut autrement : on vit briller derrière les planches deux prunelles fauves, d'où jaillissaient de sinistres éclairs, on entendit claquer des dents qui s'apprêtaient à mordre, et la bataille commença aussitôt. Elle ne fut pas longue, grâce à l'arme meurtrière que portait le fermier, et c'était ce même loup que l'on promenait, le jour suivant, dans les rues de Moulins-Engilbert, au grand désespoir du pauvre la Brisée, qui eut bientôt connaissance de l'aventure.

Il eut bien un autre déboire, une quinzaine de jours après, quand des symptômes terribles se manifestèrent dans le chenil de Limanton, dont tous les chiens devinrent successivement enragés. Le loup si familier était atteint d'hydrophobie, et il avait communiqué son mal incurable à l'équipage dans les divers combats qui avaient eu lieu au passage de chaque haie. Cet événement causa un violent chagrin au marquis de Vitry. L'âge était aussi venu amortir sa passion pour la chasse, et apporter des changements dans ses goûts. L'existence commode et paresseuse des grandes villes lui parut bientôt préférable, et il quitta définitivement la campagne, laissant dans ce beau et pittoresque

Morvan, qu'il avait rempli du bruit de ses exploits cynégétiques, le souvenir d'un châtelain aimable, hospitalier et courtois, et d'un veneur d'une rare habileté dans la conduite d'un équipage d'élite.

III

LE MARQUIS DE PRACOMTAL, LE MARQUIS D'ESPEUILLES,
LE PIQUEUR LA ROSÉE.

Vers la même époque, une autre meute avait souvent partagé les travaux et les succès de celle du châtelain de Limanton, c'était la meute de Châtillon-en-Bazois. Alors la demeure d'un grand propriétaire n'était parfaitement organisée qu'autant qu'on y entretenait piqueur, valets de limiers, chevaux, en un mot équipage de chasse complet. Ce n'était ni pour obéir à la mode, ni pour afficher plus de luxe que ses voisins que l'homme riche en agissait ainsi en ce temps-là; mais, de même qu'on avait des dogues pour garder sa cour et sa maison, on voulait avoir des chiens courants pour être en mesure de repousser ou de prévenir les nombreuses attaques qui menaçaient les troupeaux dispersés dans les diverses pâtures au milieu desquelles le logis était situé. Ces attaques se renouvelaient fréquemment, soit pendant la journée, sur les moutons, soit pendant la nuit, sur le grand bétail. Dans ce pays d'engraissage et de prairies closes, où pas une bête n'entre à l'étable durant huit mois de l'année, la convoitise des animaux carnassiers était naturellement dans un continuel état d'excitation. Souvent un village tout entier était brusquement arraché au sommeil par des mugissements formidables et le bruit lointain d'une course pesante qu'on aurait pu comparer à celle d'un escadron de cuirassiers chargeant l'ennemi. « *Ce sont nos bœufs qui poursuivent queuque loup,* » disaient les paysans en cherchant à se rendormir, et jamais ils ne se trompaient dans leur conjecture : les bœufs avaient bien réellement fait la police du pâturage; mais, malgré la vigilance et le courage de ces fidèles gardiens, il n'était pas rare de trouver le lendemain de ces alertes quelque génisse ou quelque bouvillon dévoré à moitié dans un coin de la prairie ou à l'angle de deux haies. Aussi, quand un village avait été le théâtre d'un de ces actes de sanglante rapine, les notables de l'endroit s'empressaient-ils d'aller demander aide et protection au veneur le plus voisin, contre les audacieux bandits qui étaient venus chez eux chercher de la chair fraîche. M. Brière d'Azy et le châtelain de Limanton ont reçu souvent des requêtes de ce genre, et c'est une opinion bien établie dans le pays qu'ils n'y sont jamais restés sourds.

Ce fut dans des circonstances analogues, et sous l'influence d'un semblable désir d'être utile à ses concitoyens, que le marquis de Pracomtal, grand propriétaire possédant à fond la pratique et la science de la vie agricole, qui connaissait ses plus petits métayers, visitait lui-même ses domaines et s'appliquait jusque dans les moindres détails à la tâche difficile de bien régler une bonne exploitation rurale, sollicita un brevet de louvetier pour compléter sa grande existence et son administration éminemment paternelle. Devenu plus tard colonel d'un régiment d'infanterie, attaché à la cour, il ne passait plus dans sa terre de Châtillon qu'une partie de l'année qui, encore, n'était pas toujours la véritable saison de la chasse. Ses généreuses intentions auraient donc été à peu près stériles, si dès les premiers temps de la formation de son équipage il n'eût eu la bonne fortune de rencontrer un auxiliaire jeune, vigoureux, intelligent et, ce qui valait mieux encore, fanatique de la chasse, qui devait être pour lui ce que fut Saint-Jean pour M. de Vichy, dont j'ai raconté plus haut l'histoire. C'était une sorte de piqueur-maître, sachant porter rapidement la meute qui lui était confiée partout où le besoin l'exigeait, capable d'organiser une expédition comme un général habile dispose un plan de campagne, et, une fois à l'œuvre, remplissant ses fonctions de directeur d'équipage comme si l'œil d'un chef sévère était sans cesse ouvert sur ses actions.

Cet homme se nommait la Rosée.

Il était grand, sec, longuement jambé, froid, grave, et il faisait d'habitude toutes choses avec un sérieux imperturbable. On disait généralement de lui que personne ne l'avait jamais vu rire ; mais ceux qui le connaissaient le mieux ne pouvaient pas affirmer si sa répugnance pour cette manifestation du contentement intérieur venait de son caractère ou de la petite vérole, qui s'était acharnée sur son visage jusqu'à enlever à sa peau la faculté de se distendre suffisamment pour se prêter aux diverses contractions de la face qui expriment l'hilarité. Tel que je me le représente d'après ce que j'ai entendu raconter de lui, car je ne l'ai vu qu'une seule fois, sans le remarquer beaucoup, il devait avoir quelques points de ressemblance avec le fameux *Bas-de-cuir*, du *Dernier des Mohicans*, bien que celui-ci eût inventé un rire silencieux en rapport avec sa gaieté triste de demi-sauvage.

Quand on est favorisé d'un physique semblable, il est tout naturel qu'on se fasse chasseur de loups, et la Rosée ne faillit pas à sa vocation. Il aimait la solitude, l'ombre et le silence des grands bois, et la société des natures énergiques comme la sienne, pourvu encore qu'il s'agît de chasse, était la seule qu'il pût supporter. Quant aux joies du cabaret et aux plaisirs du bal champêtre en compagnie des dulcinées du Bazois, il professait pour eux une indifférence qui allait jusqu'au dédain, bien différent en cela de ses deux confrères Henri le nègre et Pierre Guenot, dit la Brisée.

L'équipage du marquis de Pracomtal, créé dans l'origine avec des types qui rappelaient le grand briquet d'Artois, était moins brillant que ses voisins d'Azy et de Limanton, mais il avait la même ardeur sur la voie du loup, chassait supérieurement le sanglier, et savait au besoin donner aux hôtes du château de Châtillon la satisfaction d'une belle et pacifique chasse au chevreuil, dans la magnifique forêt de Briffaut. Les chiens qui le composaient étaient légers d'allure, bien criants, d'une grande finesse de nez, et plus robustes qu'il n'eût été permis de le supposer, à en juger par leur conformation en apparence un peu grêle.

Le marquis s'inquiétait peu de ce dernier inconvénient, car il savait que dans une bataille les voltigeurs font souvent plus de besogne que les grenadiers.

La Rosée n'excellait pas seulement dans l'art de bien conduire une meute, il était aussi passé maître dans la science plus difficile de former de bons élèves de vénerie. Ce fut de son école, où il prêchait plus de l'exemple que de la parole, que sortirent plusieurs piqueurs qui ont eu une certaine renommée en Nivernais, et c'est à ses excellentes leçons que le marquis de Mac-Mahon, de très-regrettable mémoire, a dû son fameux Racot, qui fut le Drécart[1] de la vénerie moderne.

La Rosée avait deviné le héros futur un jour qu'il le vit s'ébattant au milieu d'une troupe de petits grimauds qui sortaient de l'école, et avec la permission du marquis de Pracomtal, il le demanda sur-le-champ à sa famille pour en faire un apprenti valet de chiens. Racot n'avait alors que onze ans, et à cet âge où d'habitude l'on n'accomplit qu'avec répugnance ou tout au moins insouciance une besogne qui vous est commandée, et où l'on entre si peu et si mal dans la pensée du maître, l'enfant montrait déjà tout ce qu'il serait un jour. Aussi calme et aussi taciturne que la Rosée lui-même, il marchait à la tête de l'équipage, droit et fier comme un général qui précède sa division. Pas un chien, sous son fouet implacable et vigilant, ne s'aventurait au delà du demi-cercle formé par ses camarades, et au moindre mot de l'enfant, dont la voix était à la fois douce et perçante, les plus récalcitrants deve-

1. Célèbre piqueur du dix-septième siècle. Molière le nomme dans son immortelle bouffonnerie des *Fâcheux*.

naient dociles. Aussi le vieux piqueur prenait-il toujours un ton paternel quand il s'adressait à cet élève si rempli d'intelligence et de bonne volonté. Confiant dans la sûreté de son instinct, dans son habileté à s'orienter, et dans le don précieux qu'il avait de deviner, la refuite de l'animal, il le chargeait d'une foule de petites missions délicates dont l'autre se tirait heureusement neuf fois sur dix : en voilà un exemple bien frappant, à ce qu'il me paraît.

Un jour, la meute du marquis de Pracomtal chassait avec celle du marquis de Vitry, venue le matin de Limanton, dans les bois de Villaines près de Moulins-Engilbert. Le petit Racot avait eu deux lieues à faire à pied pour gagner le rendez-vous, et pour le *reposer*, son maître lui donna à tenir les deux limiers dont on s'était servi pour la tournée du matin, et quelques jeunes chiens dont la sagesse était suspecte. Il y avait au rapport une bande de bêtes rousses. On découple sur une voie *saignante*, et au bout d'une demi-heure, plusieurs coups de fusil se font entendre. L'hallali sonne aussitôt : trois animaux étaient restés sur le champ de bataille. Un quatrième, plus heureux, entraînait au loin le gros des deux équipages réunis. On rallie sur sa trace, et alors commence une chasse des plus animées. Après s'être fait battre pendant vingt-cinq minutes dans deux cents arpents de taillis très-fourrés, l'animal prend le parti de débucher dans la direction des bois de Vendenesse, masse compacte de dix-huit cents hectares, qu'il atteint et parcourt en sens divers. Les cavaliers avaient suivi, mais les tireurs à pied étaient restés en arrière, et d'ailleurs il n'eût pas été facile de se poster, le sanglier se tenant toujours au plus épais du couvert. Sur le soir, on n'entendait plus que quelques rares coups de voix attestant la fatigue de la meute. Soudain la Rosée, qui se préparait à sonner la retraite, croit reconnaître le cri de ses deux limiers ; il lui semble aussi distinguer les gorges des jeunes chiens qu'il a confiés à la garde du petit Racot. Peu après, les voix se multiplient, les équipages épuisés se raniment, la chasse reprenait rapide et brillante comme le matin. Cet heureux changement était l'œuvre de l'enfant sublime. Seul des hommes à pied, il avait tenu bon depuis l'attaque, et guidé par cet instinct inné de la chasse qui en fit plus tard un veneur de génie, il avait su choisir le moment suprême où son relais improvisé pouvait assurer la victoire. Une heure après, l'animal était porté bas, aux dernières lueurs du crépuscule à son déclin, par les deux meutes complétement ralliées : ce fut une fin de chasse vraiment magnifique, et dont le souvenir est encore présent à l'esprit de tous les heureux veneurs qui y assistaient.

La Rosée, en retrouvant son jeune élève sur le

théâtre de ce glorieux hallali, arrêta sur lui un regard humide de tendresse et d'admiration contenue, et avec un accent qui témoignait d'une émotion profonde, il lui dit à demi-voix :

« C'est bien cela, petit.... C'est très-bien ! »

Ce fut là l'allocution de l'illustre professeur, mais les personnes qui avaient les yeux fixés sur la Rosée en ce moment, crurent voir un vieux chef indien reconnaissant, après un combat, chez un enfant de sa tribu, toutes les finesses d'instinct qui le feront triompher un jour dans les nombreux hasards périlleux de la vie sauvage.

Nous retrouverons plus tard Racot devenu homme fait et veneur consommé, et je le ferai alors plus particulièrement connaître à mes lecteurs. C'est une des plus originales et des plus grandes figures de la vénerie contemporaine.

Quelques années après, le marquis de Pracomtal mourut, laissant à ses deux fils une fortune considérable. Le nouveau marquis, qui eut en partage la belle terre de Châtillon, et le jeune comte à qui échut celle de Briffaut, conservèrent à frais communs cette meute à laquelle ils avaient dû, bien jeunes encore, leurs premières émotions de veneurs. Excellents écuyers l'un et l'autre, le second surtout, passionnés pour les exercices du corps, ils eurent le talent de prolonger pendant un certain temps l'ardeur un peu refroidie de leur vieux chef d'équipage, que l'on commençait à appeler le *père la Rosée*.

Ils avaient pour voisin et ami le marquis d'Espeuilles, possesseur du château de la Montagne. Cette magnifique résidence domine au levant une riante et plantureuse vallée, qu'arrose dans toute sa longueur un ruisseau qui, descendu en cascades rapides de la plus haute chaîne du Morvan, forme à l'extrémité d'une longue nappe de vertes prairies, un véritable petit lac dont les eaux azurées et limpides servent de miroir aux grandes ombres des arbres séculaires qui entourent ses rives. Un rideau de collines fertiles borne l'horizon de ce côté, tandis que de l'autre, vers le couchant, une profonde masse boisée de plusieurs milliers d'hectares vient se relier au parc par de gracieuses et larges allées qui serpentent sous des voûtes composées de chênes, les plus beaux, sans contredit, qui existent aujourd'hui en Nivernais.

C'est là que le marquis d'Espeuilles a parcouru sa courte et brillante carrière de veneur. Dès sa plus tendre jeunesse, il s'était fait remarquer par son ardente passion pour la chasse. A peine âgé de douze ans, il fatiguait déjà les gardes de son père avec sa petite meute de chiens pour le lièvre et le chevreuil, et à quatorze, il courait du matin au soir à la suite d'un loup ou d'un sanglier. Il montait alors un petit cheval du pays, connu sous le nom assez vulgaire de Cascaret, qui rappelait par sa conformation élégante et ses qualités extraordinaires le type arabe, auquel il se rattachait d'ailleurs par son origine. Toujours au galop dans les chemins les plus difficiles, ne ralentissant pas plus son allure pour grimper une côte escarpée comme un toit que pour descendre un sentier rapide comme un escalier de moulin, il n'y avait pas d'exemple que Cascaret eût jamais ni refusé le service ni même bronché à la fin d'une journée à fatiguer un chameau. Plus d'une fois, quand il fallait, après une longue chasse qui avait mis sur la litière toutes les montures du château, envoyer, pour une raison ou pour une autre, un homme à cheval à la ville voisine, c'était toujours l'intrépide et infatigable Cascaret qui avait la préférence. On lui mettait la première selle venue sur le dos, on lui passait la bride, qu'il avait encore la bouche pleine d'avoine à moitié broyée, et il partait au galop, libre dans ses mouvements et d'aussi bonne humeur que s'il ne fût pas sorti de l'écurie depuis huit jours.

Parmi les jeunes veneurs de ce temps-là, le marquis d'Espeuilles et le comte Rostaing de Pracomtal se faisaient particulièrement remarquer par leur entrain dans l'action, et par l'empressement avec lequel ils répondaient à tous les appels qui leur étaient adressés des pays, souvent éloignés de chez eux, où les sangliers et les loups exerçaient leurs ravages. Le premier, avec plus de fougue que le second, perdait souvent la tête, et par suite la chasse, qu'on me pardonne cette mauvaise phrase. Il montait à cheval en casse-cou intrépide qui a plus fréquenté les bois que les manéges, mais il était d'une solidité à toute épreuve et il passait partout sans hésiter : on eut dit que c'était Cascaret qui avait été son professeur d'équitation. On pourrait raconter quelque chose d'analogue sur sa manière de sonner, car si les notes de sa trompe perçaient jusqu'à des distances fabuleuses, il n'était pas toujours facile, même de près, de distinguer la fanfare qu'il lançait dans l'espace. C'était, du reste, un aimable compagnon, constamment gai et spirituel, décochant l'épigramme avec une bonhomie charmante qui se faisait facilement pardonner, et dans un déplacement nombreux sachant mieux qu'un autre répandre la joie autour de lui. Il possédait pour contrefaire un talent que les plus célèbres mimes de nos jours n'ont pas surpassé, et dans l'occasion, il improvisait des vers pleins de verve et d'esprit.

Le comte Rostaing de Pracomtal offrait le plus charmant modèle du veneur accompli de nos jours. Il connaissait bien la chasse, montait à cheval avec autant d'élégance que de solidité, sonnait aussi bien de la trompe que Leroux ou Thiberge, et ne le cédait en intrépidité à personne dans un de ces débuchers périlleux que l'on rencontre neuf fois sur dix quand on chasse dans le Morvan. Il n'était pas moins distingué comme homme du monde que comme veneur. Toujours gai, toujours dispos, bon et aimable convive, nul que lui n'apportait plus de franche humeur dans les grandes réunions cynégétiques de l'époque dont je raconte l'histoire, et il s'en fallait de beaucoup que les déplacements où il manquait fussent aussi agréables que ceux qu'il animait par sa présence.

L'équipage du marquis d'Espeuilles, formé quelques années après celui de Châtillon, dans un temps où l'on était devenu beaucoup plus difficile, était tout naturellement plus remarquable pour la beauté que ce dernier. Il se composait de trente-cinq à quarante superbes anglo-normands qui réunissaient au jarret rapide des plus vites *fox-hounds* de la Grande-Bretagne les voix de tonnerre des hurleurs de Normandie. Un élève distingué de la vénerie royale des Bourbons de la branche aînée, le célèbre Lombardin, avait la conduite de ces chiens d'élite, qui eurent bientôt une grande réputation dans la Nièvre. La meute de la Montagne et celle de Châtillon, ensemble ou séparément, mais plus souvent ensemble, ont continué dignement l'œuvre entreprise par les châtelains d'Azy et de Limanton. Le loup, cet animal si difficile à chasser, était le gibier préféré du vieux la Rosée et du jeune Lombardin. Un des chiens du marquis d'Espeuilles, le fameux *Satanas*, égala aussi l'illustre Nicanor du comte de Vichy, et aujourd'hui encore tout ce qui a de son sang dans les veines passe pour bon chien de loup.

Dans l'automne de 1836, Sully, les belles forêts accidentées de l'Autunois et les bois d'un courre si commode des environs de Châlon-sur-Saône ne suffisaient plus à l'activité du marquis de Mac-Mahon, à qui il n'aurait fallu rien moins que le grand désert pour ses ébats cynégétiques. D'un autre côté, les veneurs de la Nièvre, représentés par l'ancienne société *A moi Morvan!* étaient fort désireux de juger cette nouvelle vénerie dont l'équipage de Sully passait à bon droit pour être l'incarnation. Tous appelaient le roi des sportmen français sur les périlleux champs de bataille des landes de Fours et des bruyères de Malta. Son succès fut immense jusqu'à surprendre ceux-là mêmes qui s'y attendaient. Les sangliers, qu'on promenait autrefois pendant dix ou douze heures dans ces grandes masses boisées, avec accompagnement de la musique de vingt-cinq ou trente chiens, et qui ne mouraient jamais que d'un coup de fusil, étaient portés bas et pris en moins de temps qu'il n'en faut pour forcer un lièvre. Le résultat de cette brillante campagne de Fours fut le discrédit de ces belles et bonnes meutes lentes, sûres et bien gorgées, qui donnaient tant de jouissances à l'oreille, mais avec lesquelles le triomphe était toujours incertain et se faisait pour le moins longtemps attendre. Avant de se séparer, il fut résolu qu'à l'avenir on se réunirait chaque automne autour de la meute de Sully, et que seule désormais elle deviendrait le point de ralliement de tous. L'année suivante, l'inauguration de cette ère nouvelle se fit au château de la Montagne, où se trouvaient le marquis et le comte de la Ferté, le comte Olivier de la Rochefoucauld, le comte et le vicomte de Montmort, tous excellents veneurs, et, cela va sans dire, le marquis de Mac-Mahon et deux de ses frères. Avec sa bienveillance accoutumée, le châtelain de la Montagne avait fait prévenir ses plus proches voisins, dont il connaissait le goût pour la chasse, de se tenir prêts à le seconder, et surtout il n'avait eu garde d'oublier un jeune homme qui jouissait déjà dans le pays de la renommée d'un veneur consommé.

IV

FIN GLORIEUSE DE LA VIEILLE VÉNERIE DU MORVAN.

Ce jeune homme était M. Ernest Jourdan du Mazot. Quoiqu'il n'eût que vingt-deux ou vingt-trois ans à cette époque, il y avait longtemps déjà que les vieux veneurs du Nivernais le considéraient comme un des leurs et se faisaient un devoir de le convier à toutes leurs grandes réunions, où il apportait toujours l'ardeur de sa jeunesse et le secours d'une expérience consommée avant le temps. Pour M. Ernest Jourdan, la chasse avait été une passion précoce dont la violence s'était manifestée à lui dès l'âge le plus tendre, c'est-à-dire alors que vers sa neuvième ou dixième année il était entré au collége d'Autun, et, à ce propos, voilà de quelle manière il racontait à un de ces amis d'enfance les premières révélations qu'il eut d'un penchant qui devait remplir sa vie.

« A peine étais-je dans la classe, mon livre ouvert devant les yeux, qu'une véritable hallucination étrangère à l'étude s'emparait de toutes les facultés de mon cerveau. Les feuillets de mon dictionnaire se transformaient pour moi en une vaste plaine où courait un lièvre poursuivi par trois ou quatre briquets fauves, aux regards enflammés et à la menée rapide, qui lui faisaient faire mille détours désespérés. Mes autres sens ne tardaient pas à subir l'influence du phénomène, car les joyeux accords des trompes et la délicieuse musique de plusieurs voix de chiens harmonieuses et perçantes résonnaient à mes oreilles aussitôt que ma vue croyait se récréer de cette chasse imaginaire. Cela durait tout le temps de l'étude, et ce n'était que quand il fallait remettre mon devoir au professeur que mon erreur m'apparaissait : j'avais négligé mon *Cornelius Nepos* pour regarder courir mon lièvre fantastique, et pour écouter crier Printanno, le favori de mes briquets fauves; cette vision s'est renouvelée à plusieurs reprises, et je n'en ai été complétement quitte que lorsque j'ai commencé à chasser pour tout de bon. »

Malgré ces distractions un peu fortes, M. Ernest Jourdan, qui joignait à une rare aptitude la ferme volonté d'ajouter une instruction solide à son intelligence naturelle, M. Ernest Jourdan, dis-je, n'en fit pas moins d'excellentes études, et quand il eut terminé ses cours, il n'y avait pas de carrière à l'entrée de laquelle il ne pût se présenter hardiment. Un jugement très-droit, une grande activité de corps et d'esprit, un extérieur attirant et une franchise séduisante lui eussent assuré partout le succès ; mais la passion de son enfance avait grandi avec lui et, comprimée par six années de collége, il fallait bien qu'elle fît explosion. Seulement, comme une existence ne peut pas être entièrement remplie par la chasse, M. Ernest Jourdan décida dans sa sagesse qu'il se ferait, avant toute chose, agriculteur. Il savait que cette occupation utile, qui tient le corps en activité et l'âme en équilibre, est celle qui s'accorde le mieux avec le goût de la chasse.

Pendant sa première année de veneur agronome, il débarrassa les alentours de ses domaines de cent vingt renards qui faisaient la désolation de ses métayers ; c'était tout à la fois commencer en maître comme chasseur habile et comme *gentleman-farmer* intelligent. Dès son entrée dans la carrière des nobles déduits de saint Hubert, M. Ernest Jourdan se plaça au niveau de ses plus illustres devanciers pour la promptitude de la main et l'infaillible sûreté du coup d'œil. Il chassait toujours à cheval, même le lièvre, et bien qu'il ne mît presque jamais pied à terre pour tirer, il manquait si rarement, que ses compagnons les plus assidus ne peuvent citer avec certitude une circonstance où la charge de son fusil n'ait pas atteint le but. Que de fois, surpris par le brusque départ d'un chevreuil qui avait bondi devant sa monture dans quelque taillis épais, ne lui est-il pas arrivé de se lancer à fond de train sur l'animal, de dégager, chemin faisant, sa carabine, de rejoindre le fuyard et de lui placer une balle au défaut de l'épaule comme si c'eût été une cible dans un tir au pistolet.

Revenons maintenant au château de la Montagne, le jour du rendez-vous dont j'ai parlé.

C'était par une belle matinée de novembre. Il y avait eu de la gelée blanche sur le matin, mais le soleil s'était levé brillant, et ses premiers rayons avaient fondu la légère couche de givre qui brodait le sol. Plus tard le ciel s'était uniformément couvert de nuages légers, mais le vent restait calme, et en somme la journée promettait d'être favorable. Les invités des environs étaient arrivés les premiers au rond-point de la montagne Saint-Honoré. Vers dix heures et demie, on vit paraître à l'extrémité de la grande ligne qui conduit du château à la forêt du Deffend le gilet rouge de l'uniforme de la société *A moi Morvan!* que devait remplacer bientôt le plastron chamois de *Rallie-Bourgogne*. Une douzaine de cavaliers au moins se dirigeaient vers le rendez-vous au pas majestueux de leurs magnifiques chevaux anglais. Le marquis d'Espeuilles marchait en tête du groupe pour montrer le chemin à ses nobles hôtes; mais à la place du vaillant Cascaret, mort depuis longtemps, il montait une belle jument du Melleraut, qui elle aussi avait fait ses preuves dans mainte lutte cynégétique. Sa robe blanc cendré se dessinait vivement sur le pelage en général foncé des autres chevaux. Quand les veneurs qui arrivaient du château eurent rejoint ceux qui attendaient au rond-point des bois de la montagne Saint-Honoré, ce fut un curieux et intéressant spectacle pour l'observateur hippique que celui offert par la réunion de ces deux races de chevaux, l'anglaise et la morvandelle, qui, si différentes de forme et de valeur commerciale, allaient cependant concourir à l'accomplissement de la même tâche. Les chiens indigènes et ceux d'Albion étaient aussi représentés à cette joute, où deux époques et deux systèmes se préparaient à lutter entre eux à l'insu des acteurs intelligents de cette scène, qui, jusqu'à ce moment, ne voyaient là que la promesse d'une enivrante partie de plaisir organisée par la courtoisie du marquis d'Espeuilles.

Le comte Alexandre de Vitry se présentait dans la lice comme le doyen des champions de la vénerie du Nivernais. Fidèle à la race canine à laquelle il avait dû tant de succès et de jouissances dans le cours de sa longue carrière cynégétique, il conservait encore quelques individus de cette race, les plus beaux qu'elle eût peut-être jamais produits, et il en avait amené avec lui une couple vraiment remarquables. Ils étaient de la plus haute taille, avaient le rein court et large, les cuisses pleines et pourtant sèches, les yeux grands et remplis de feu, Tout annonçait en eux la force et l'ardeur. Le comte Alexandre les avait choisis de la sorte pour les mettre aux prises avec les chiens anglais. Ils étaient à poil ras blanc orangé.

Le comte s'était bien gardé de prendre pour cette chasse une autre monture que son vieux Morvandeau, vaillant animal qui n'eut jamais d'autre nom que celui de son espèce, laquelle, par parenthèse, lui doit une grande partie de la renommée dont elle jouit encore aujourd'hui. C'était un cheval bai cerise de huit à neuf pouces d'alors, fort ouvert dans son arrière-main, et marchant les pieds de derrière tout à fait en dedans, ce qui rendait sa piste facile à reconnaître. Le garrot était bien sorti, l'épaule longue et peu chargée de chair, l'encolure courte et droite, la tête placée dans la perpendiculaire la plus parfaite. Depuis *douze ans*, Morvandeau suffisait seul aux chasses, aux voyages et aux promenades du comte Alexandre, l'un des hommes les plus nomades qui aient jamais existé. Le lendemain d'une chasse de huit à dix heures, l'intrépide *hunter* se remettait en route frais et dispos, et pouvait ainsi recommencer tous les jours pendant toute la saison des chasses.

D'autres veneurs du pays étaient aussi montés sur des chevaux morvandeaux également remarquables à divers degrés.

M. Ernest Jourdan examinait avec une attention curieuse, et peut-être même un peu défiante, le groupe considérable des chiens anglais, qui étaient encore une nouveauté pour lui. Tenant à la main une petite jument bai, sèche et nerveuse, dont le cou amaigri s'inclinait vers le sol, à l'imitation des cavales du désert au repos, il se demandait à quoi pouvait servir dans une chasse au sanglier l'élégante dague que portaient sur la hanche tous les brillants cavaliers venus du château avec le marquis d'Espeuilles. Cette arme lui semblait un colifichet inutile, et de temps en temps il caressait d'un main complaisante la crosse de sa fidèle carabine, suspendue à son côté dans une solide botte de cuir. Quand ses yeux vifs et perçants eurent parcouru à plusieurs reprises les groupes d'hommes, de chiens et de chevaux qui l'entouraient, il dit à demi-voix, mais de ce ton bref et décidé des hommes qui croient à la sûreté de leur jugement :

« Voilà des chiens qui doivent courir longtemps

et vite, mais je doute qu'ils vaillent les nôtres pour rapprocher une voie de vieux temps. »

Puis, après une pause, il ajouta du même ton, en s'adressant toujours à la même personne :

« Je suis curieux de savoir ce que ces beaux chevaux anglais vont dire quand ils se verront dans les chemins de Saint-Firmin et des bois de Laboue. »

V

Il ne restait plus qu'à entendre le rapport des valets de limiers, qui, en ce moment, achevaient leur déjeuner sur le pouce.

Parmi eux il y avait un enfant des montagnes du Morvan, nommé Guinjard. Sans autre profession que celle de braconnier pendant sa jeunesse, il avait acquis dans l'exercice de ce rude et périlleux métier une organisation si robuste et une habileté si grande à découvrir et à suivre de l'œil la trace d'un animal quelconque, que sa réputation comme chasseur avait tout d'un coup été grande dans le pays; et comme il était excellent sujet, du reste, les bonnes places de garde n'avaient pas tardé à se présenter en foule à son ambition. Il va sans dire qu'en choisissant la meilleure, il avait renoncé pour toujours au braconnage, suivant en cela l'exemple de ces ennemis de l'ordre qui se font conservateurs aussitôt qu'on leur a donné un emploi lucratif.

Or il était arrivé que la veille de ce grand jour, le marquis d'Espeuilles, désireux d'amuser royalement ses hôtes, avait mandé près de lui Guinjard, pour l'interroger sur les animaux qu'il connaissait dans les bois situés aux alentours de la montagne.

Et Guinjard, qu'on ne prenait jamais au dépourvu, s'était empressé de signaler au marquis un sanglier que, d'après ses habitudes et ses allures, soigneusement étudiées par lui, il jugeait digne d'être offert en holocauste à la brillante compagnie qu'on attendait au château : il s'engageait, en outre, à l'avoir au rapport du lendemain.

Ce fut donc Guinjard que l'on questionna le premier sur le résultat de sa quête du matin.

Il avait bien rencontré son sanglier venant des bois de Vendenesse, et il s'était même flatté un moment de l'avoir rembuché, dans un épais taillis, près des sources minérales de Saint-Honoré; mais, en revenant au rendez-vous, il avait retrouvé de nouveau la voie de l'animal, qui était sans doute sorti de l'enceinte derrière lui, et qui se dirigeait vers les Vouvray.

Ce rapport ne laissait rien à désirer comme exactitude et lucidité, mais il était d'ailleurs peu satisfaisant dans ses conclusions pour les veneurs impatients de voir commencer cette belle journée. Si le sanglier avait quitté sa première demeure par suite d'une de ces intuitions subites de péril que les animaux ont parfois aussi bien que les hommes, il pouvait être déjà loin, car dans ces cas-là il est assez ordinaire qu'un simple changement de demeure se transforme insensiblement en une émigration lointaine.

Il fallait donc tenir conseil avant de prendre un parti définitif.

Guinjard et Racot donnèrent d'abord leur avis, le premier d'après la connaissance qu'il avait des mœurs de son solitaire, et le second d'après celle qu'il possédait du pays.

Ce serait mal connaître les hommes que de ne pas deviner que chacune des personnes présentes exprima aussi son opinion, et que les plus inexpérimentées ne furent pas celles qui montrèrent le moins d'assurance.

Une seule s'était tenue sur la réserve. Cette circonstance frappa Racot, qui, après avoir discuté un moment, était tombé dans une rêverie profonde, comme un mathématicien qui cherche à résoudre un problème.

« S'il vous plaît, monsieur Jourdan du Mazot, — dit-il brusquement, — où pensez-vous que puisse être le sanglier de Guinjard ?

— Aux étangs Scia, — répondit sans hésiter le jeune veneur du Morvan. — Mais, pour aller le chercher jusque-là sans lancer des renards et des chevreuils en chemin,—poursuivit-il en donnant à sa voix une expression légèrement sarcastique,—je crois qu'il ne serait pas trop sage de nous en fier à messieurs les anglais.

Racot, devenu chef de l'équipage du marquis de Mac-Mahon, avait sous son fouet ces mêmes anglais dont M. Jourdan du Mazot venait de parler avec une certaine irrévérence; mais tel était le respect de ce grand homme de chasse pour la science cynégétique, qu'au lieu de se choquer du peu de cas que M. Jourdan faisait de sa meute, il fut le premier à insister pour que l'on ne découplât d'abord qu'un de ses chiens, auquel on adjoindrait les deux du comte Alexandre de Vitry.

Cette résolution prise, non sans quelques débats assez vifs, l'assistance désigna Guinjard, qui avait travaillé l'animal, pour aller frapper à la brisée avec les deux indigènes du comte Alexandre et le meilleur bâtard anglais du marquis de Mac-Mahon.

Les deux premiers, familiarisés de longue date avec les rapprochers difficiles, empaumèrent franchement la voie, quoiqu'elle fût déjà vieille de quatre heures, et la suivirent en criant à pleine gorge. L'anglais courait derrière eux plutôt en curieux qu'en acteur, c'est-à-dire qu'il ne paraissait pas accorder pour son propre compte une grande attention à cette piste refroidie.

Tous trois se dirigeaient en droite ligne vers les étangs Scia; là un abois se fait entendre, et deux trompes aux accords bien nourris sonnent la réjouissante fanfare du lancer.

Cette aubade empêche le sanglier de prolonger sa tentative de résistance. Il repart, reprend son contre-pied et vient passer devant la grande meute, qu'on découple à propos, et la véritable chasse, la chasse aux péripéties émouvantes, commence alors.

En un instant, l'animal est retourné dans les bois de la Montagne. Souvent chassé par les chiens du pays, dont il ne redoute pas la vitesse, il a, de longue date aussi, l'habitude de se faire randonner pendant deux ou trois heures avant de prendre un parti. Mais cette rapidité de poursuite toute nouvelle pour lui l'étonne et l'oblige à exécuter en moins de trente-cinq minutes tous les tours et détours qui sont ordinairement pour lui la besogne d'une matinée entière.

Dès les premiers coups de voix, le marquis de Mac-Mahon a pris le galop, et le lancer n'est pas encore sonné que ce bouillant veneur a déjà fait plusieurs lieues en courant à droite et à gauche. Mais son cheval, magnifique bai brun de pur sang, qui ne connaît que les verts plateaux d'Ascolt et l'arène sablonneuse des belles routes de la forêt de Fontainebleau, trébuche à chaque pas et s'irrite de tous les obstacles qui s'opposent de seconde en seconde à la rapidité de sa course. Il n'est qu'au début de sa tâche, et déjà la sueur ruisselle de tout son corps, ses muscles frémissent, ses veines se dessinent sous sa peau luisante, et de ses naseaux dilatés s'échappe avec effort un souffle bruyant. Le marquis a bientôt deviné que le superbe anglais, si généreux de cœur qu'il soit, ne soutiendra pas la lutte jusqu'au bout, et comme il n'est qu'à une courte distance du château de la Montagne, il court chercher une autre monture plus calme et plus résistante. Cette fois, il enfourche avec la sécurité que donne une longue expérience le vaillant Gargantua. Ce vieux coursier sans race bien distincte, mais intrépide, n'a jamais, jusqu'à ce jour, laissé son maître dans l'embarras. A lui les débuchers homériques, les haies à franchir, les fossés à sauter, les retraites interminables à accomplir dans l'ombre de la nuit. Excité par l'ardeur communicative du marquis, il vole avec la rapidité d'une flèche dans la direction où un faible écho des voix de soixante chiens se fait encore entendre vaguement comme on entend dans un rêve. Avant que quelques minutes se soient écoulées, le marquis aura rejoint la chasse, dont il savoure déjà toutes les ivresses; mais Gargantua est sorti de l'écurie la bouche encore écumeuse du repas du midi, et cette course à fond de train au milieu de sa première digestion lui cause une suffocation violente:

sans avoir ralenti son galop, il tombe sous son maître comme si la foudre l'avait frappé.

Il y a toujours des fortunes heureuses pour les audacieux. Au moment où le marquis se relevait, un de ses valets de limiers arrivait derrière lui en trottinant sur Lafayette, joli petit hack blanc de lait, passé depuis quelques mois aux mains des employés en sous-ordre de la vénerie du marquis.

Celui-ci est dans le bonheur de retrouver ce pauvre animal qu'il n'avait plus jugé digne de figurer à son rang. Il jette lui-même sa selle sur le dos du hack, donne à la hâte quelques ordres pour parer aux suites de l'accident arrivé à Gargantua, et se précipite sous bois pour couper au court. A cet instant de la chasse le sanglier s'était enfin décidé à prendre un grand parti, et, rapide comme un vieux dix-cors expérimenté, il avait laissé bien loin derrière lui la plus grande partie des veneurs.

Il y avait quelques moments déjà que l'on n'entendait plus que de loin en loin et faiblement les cris des chiens; seulement chacun était convaincu qu'ils se dirigeaient sur Fours, qui était la refuite la plus habituelle des animaux menés vivement. Le comte Alexandre de Vitry, qui connaissait le pays comme on connaît sa chambre à coucher, tenait avec son intrépide morvandeau la tête des veneurs qui n'avaient pas perdu la chasse: c'étaient Rostaing de Pracomtal sur sa vaillante Charbonnette, Alfred de

Vitry sur son vieil alezan,— autre illustration de la race morvandelle,— et enfin Racot. Derrière eux, à des intervalles plus ou moins considérables, viennent quelques-uns des beaux et fringants coursiers d'Albion. Comme le bai brun du marquis de Mac-Mahon, ils sont haletants, couverts d'écume et ils trébuchent à chaque instant dans d'innombrables pas de bœufs auxquels ils ne peuvent rien comprendre. Leur vigueur physique, l'énergie de leur sang, la rapidité de leurs allures, tout devient inutile sur ce sol rebelle à la vitesse. Ce fut ainsi que l'on arriva au passage célèbre appelé la **rue de Saint-Firmin.**

Cet obstacle d'un nouveau genre est un chemin encaissé entre deux hauts murs de terre qu'ombrage une double rangée de vieux chênes. Le chemin est en pente rapide, et de son sommet tombe une source glacée qui l'inonde perpétuellement sur toute la longueur de son parcours. Là le sol est aussi détrempé durant les grands jours brûlants de la canicule que pendant les humides et courts matins de novembre. La rue de Saint-Firmin est une véritable fondrière d'un demi-kilomètre d'étendue, et dans cette direction il n'y a pas d'autre route à prendre aussi bien pour les veneurs qui bornent leur ambition à suivre la chasse de loin que pour ceux qui veulent la rejoindre le plus promptement possible et ne plus la quitter jusqu'à l'heure suprême de l'hallali.

Les traces récentes d'un cheval annoncent de la façon la moins douteuse qu'un des veneurs — on ignore encore lequel — a déjà pris cette voie, qu'il a une avance considérable peut-être sur tous ses compagnons, et que selon toute apparence il doit être aux chiens. Sur ces indications, le comte Alexandre de Vitry, son neveu Alfred, Rostaing de Pracomtal et Racot s'engagent résolûment dans la rue à bon droit mal famée de Saint-Firmin.

Leurs chevaux, qui la fréquentent depuis plusieurs années, en connaissent par expérience les endroits périlleux et les parties solides, de sorte qu'ils sont bientôt arrivés au sommet tous les quatre sans avoir éprouvé le plus petit accident.

A une portée de pistolet derrière eux, la monture du hardi comte de Champlâtreux, un irlandais de toute beauté, qui a cependant pratiqué les dangereuses tourbières de son pays natal avant de passer le détroit pour venir en France, se laisse séduire par l'aspect engageant d'une petite place gazonnée qui n'a pas été foulée par les cavaliers déjà hors d'affaire; il y pose le pied et il s'y embourbe jusqu'au garrot.

Il fait des efforts énergiques pour sortir de ce gouffre, et il ne parvient qu'à se mettre en travers de manière à barrer le passage aux veneurs qui se présentent successivement pour passer à leur tour.

C'est dans ce moment critique que le marquis de

Mac-Mahon, qui a perdu du temps dans ses deux changements de chevaux, accourt bride abattue

Il voit le singulier obstacle qui ralentit sa course; son ardeur s'en irrite et il s'écrie d'une voix retentissante en rassemblant le vieux Lafayette:

« Êtes-vous fou, Champlâtreux, de vous coucher ainsi en travers de notre chemin? Sur mon honneur, si votre bête ne se relève pas à la minute même, je saute par-dessus elle et vous, dussé-je m'embourber à mon tour de l'autre côté ! »

A cette menace énergique, l'infortuné mais généreux enfant de la *verte Érin*, qui avait peut-être reconnu dans le puissant organe du marquis quelque chose de l'accent de leur commune patrie[1], fait un effort désespéré et se retrouve debout sur un terrain plus ferme, dans lequel il n'entre plus que jusqu'aux jarrets.

Tous les cavaliers reprennent alors leur course en s'excitant mutuellement de la voix et du geste, et peu à peu les attardés rejoignent ceux de leurs compagnons qui les ont devancés depuis le commencement de la chasse, grâce à leur parfaite connaissance du pays et à la sûreté de leurs instincts de veneurs consommés.

Cependant le débucher est toujours plus rapide, et malgré cette accélération de vitesse, il semble

---

1. La famille de Mac-Mahon est originaire d'Irlande.

par moment que les voix des chiens soient moins distinctes et moins rapprochées, circonstance qui paraît inexplicable aux plus expérimentés.

Il est donc impossible de s'assurer d'une manière un peu positive si le sanglier continue à entraîner la meute du côté de Fours, ou s'ils se précipitent l'un et l'autre, comme deux ouragans qui se suivent, dans une autre direction.

A chaque instant on se communique de nouvelles conjectures à ce sujet.

Puis, quand un carrefour se présente, on hésite et l'on se consulte sur le chemin qu'on prendra, en regardant le soleil qui descend vers l'horizon derrière les légers nuages qui le voilent à demi.

Déjà quelques visages se couvrent d'une expression soucieuse, et dans les différents groupes de veneurs on échange à voix basse des paroles de découragement.

Après tant de victoires éclatantes, les bâtards anglais du marquis de Mac-Mahon auraient-ils déjà rencontré leur retraite de Moscou dans les fondrières rocheuses du Morvan?

Tout à coup les notes claires et perçantes d'un puissant *bien-aller* arrivent distinctement à toutes ces oreilles attentives et à toutes ces âmes anxieuses. On se regarde, on se compte, on sait ceux qui n'ont pas rallié encore, et comme on ne devine pas tout de suite quel souffle jette à la brise cette fanfare consolatrice, le marquis de Mac-Mahon demande aux personnes qui l'avoisinent qui peut être assez près de ses chiens et assez sûr de ce qui se passe pour appuyer avec tant d'assurance.

« Qui ? — répondit Racot en ôtant sa casquette pour écouter, — M. Ernest Jourdan qui savait dès ce matin de quel côté notre sanglier se promènerait ce soir.... Suivons, messieurs, avec confiance : nous sommes sûrs maintenant de ne pas nous tromper.... Ah ! j'entends aussi la voix perçante de Lézardo. »

La trompe était effectivement le jeune veneur du Morvan que Racot venait de nommer. Toujours monté sur la pauvre petite jument vers laquelle aucun regard ne s'était tourné au rendez-vous du matin, il n'avait pas cessé un seul instant d'aller le train infernal des chiens et du sanglier.

La course recommence encore, mais cette fois sans être jamais ralentie par l'hésitation des cavaliers, parce que de minute en minute, ils sont guidés dans leur marche par un nouveau *bien-aller* de la même trompe qui a mis un terme à leurs incertitudes. De temps en temps un vigoureux *appel* vient aussi les avertir que le temps presse, et qu'il faut se hâter si l'on ne veut pas arriver trop tard sur le théâtre de la lutte. D'un autre côté, la nuit arrive à grands pas, et les signes qui l'annoncent semblent encore dire aux veneurs échelonnés sur les derrières du sanglier que l'heure suprême de l'hallali n'est plus très-éloignée. Les chevaux, qui partagent, comme toujours en pareil cas, l'ardeur de leurs maîtres, donnent généralement tout ce qui leur reste de fond et d'élan, mais le bon vouloir n'a pas les mêmes résultats chez tous, et déjà, comme sur les hippodromes, où plusieurs d'entre eux ont figuré peut-être, on commence à pouvoir deviner les vainqueurs de la journée. Les morvandeaux sont en tête, et plus les difficultés du parcours se multiplient, et plus ils gagnent du terrain. Lafayette, dont le flanc naguère immaculé est rougi par le sang qui coule des blessures que l'éperon du marquis de Mac-Mahon lui a faites, Lafayette est au milieu des vaillants indigènes. Les autres prennent peu à peu leur rang à des distances diverses, mais dans le nombre, il en est plus d'un qui n'atteindra pas le but en temps utile pour son cavalier.

Effectivement l'animal a traversé les prairies basses de Laboue et franchi la rivière d'Halène ; ses forces diminuent, la nature de sa défense l'indique, et à mesure qu'il ralentit sa course, les chiens redoublent leurs cris aigus et le serrent de plus près. Bientôt il se jette dans un épais buisson d'une dizaine d'arpents entouré de haies formidables. Il s'y fait randonner un instant, comme s'il cherchait un terrain propre à changer sa longue et rapide retraite en combat à outrance, et enfin les abois commencent juste au moment où le gros des veneurs paraît en vue du champ de bataille.

Un cheval à la mine éveillée et au flanc calme est attaché à la haie, et les premiers cavaliers qui abordent ce point reconnaissent la morvandelle de M. Jourdan du Mazot.

Quant à son maître, il s'est déjà glissé sous bois, sa carabine à la main.

Le marquis d'Espeuilles ne tarde pas à le rejoindre, armé de son fusil à canons courts, mais sûrs. Lui aussi a l'habitude de ces sortes d'hallali, et il entre en ligne presque en même temps que le jeune chasseur morvandeau.

La scène qui s'offrit à leurs regards, après une courte recherche dans le fourré, était vraiment imposante.

Acculé dans un inextricable fouillis de plantes épineuses, un sanglier montrueux, debout et d'aplomb encore sur ses quatre membres profondément enfoncés dans la terre humide, secouait violemment une quarantaine de chiens empilés sur lui. Déjà quelques morts et plusieurs blessés jonchaient le sol autour de sa hure menaçante, et au premier examen il était impossible de découvrir sur tout son corps une place où l'on pût loger une balle sans s'exposer à frapper un des braves de l'équipage.

Le danger croissait de seconde en seconde, et il

n'y avait pas de raison, au point où en étaient les choses, pour que ces intrépides chiens ne fussent pas exterminés les uns après les autres, jusqu'au dernier.

Par bonheur Racot avait suivi de près le marquis d'Espeuilles, et ayant trouvé une branche pour assujettir sa carabine de manière à tirer à coup sûr, il fut assez heureux pour faire une blessure mortelle au sanglier, qui n'avait pris le parti de cette résistance désespérée que parce qu'il était hors d'état de se défendre plus longtemps par la fuite.

La retraite fut longue et difficile, car la majeure partie des chevaux n'en pouvaient plus. Quelques veneurs seulement purent gagner la Montagne, sous la conduite du marquis d'Espeuilles; les autres restèrent à l'auberge du père Saclier, à Fours.

Pour ce qui est de M. Ernest Jourdan, le héros de la journée, il s'en retourna tranquillement, sur sa jugement morvandelle, coucher à Moulins-Engilbert, à cinq grandes lieues du théâtre de l'hallali : excusez du peu.

Le lendemain de cette chasse, le comte Joseph de Mac-Mahon, qui l'avait aussi suivie depuis le matin jusqu'au soir, envoya un exprès à M. Ernest Jourdan, pour lui offrir de sa vaillante monture le prix qu'il lui plairait d'en demander. Malgré ce blanc seing, le marché fut conclu à des conditions très-raisonnables, et la modeste morvandelle, baptisée séance tenante, du nom de Gaudriole, par la brillante compagnie rassemblée au château de la Montagne, figura longtemps dans les écuries du comte Joseph, comme un des meilleurs chevaux de chasse qui aient existé de nos jours.

VI

LE GRAND FESTIVAL CYNÉGÉTIQUE DES LOGES DE MONTARON, OÙ FINIT GLORIEUSEMENT LA SOCIÉTÉ *A moi, Morvan!*

C'était la première fois que les montagnes du Morvan, où tant de beaux drames cynégétiques s'étaient passés depuis un quart de siècle, voyaient le curieux spectacle d'un sanglier, dans toute la puissance de sa vigueur brutale et de sa vitesse soutenue, forcé et porté bas en moins de quatre heures. Le lendemain, quand on eut oublié les rudes fatigues de la veille dans les jouissances d'une large et gracieuse hospitalité, on repassa gaiement toutes les péripéties de cette chasse vraiment remarquable, et après avoir payé aux deux chiens du comte Alexandre de Vitry le tribut d'éloges que méritaient leurs rares qualités comme chiens de rapprocher, on finit par conclure que cette menée rapide des bâtards anglais, qui rendait neuf fois sur dix l'hallali certain, offrait des émotions bien plus puissantes que la sage lenteur et le beau bruit des vendéens, saintongeois, normands et picards. L'attrait corrupteur de la nouveauté venant aussi jeter son poids dans la balance, toutes ces vieilles races réunies, avec le souvenir de leur voix de tonnerre, de leur finesse de nez et de leur infaillible sagesse dans les mille circonstances délicates qui peuvent se rencontrer à la chasse, furent reconnues unaniment, suivant l'expression vulgaire, avoir fait leur temps, et l'on décida que l'avenir appartenait aux coureurs d'outre-Manche. Seul, M. Jourdan du Mazot eût eu peut-être des convictions assez jeunes pour protester énergiquement contre une résolution semblable ; mais on doit se rappeler que, dès la veille au soir, il avait repris le chemin de Moulins-Engilbert aussitôt après la mort du sanglier.

Les novateurs et les déserteurs de l'ancien système furent donc d'accord pour proclamer le triomphe définitif de la chasse à grande vitesse avec la race canine anglaise. En conséquence, on déclara défunte la société *A moi Morvan!* On décréta séance tenante la création de celle de *Rallie-Bourgogne*, comme devant seule représenter désormais cette vénerie du progrès ; et toutes les personnes présentes prirent l'engagement de se réunir chaque année sous la bannière du marquis de Mac-Mahon, nommé par acclamation président à vie de la nouvelle société.

Cependant, comme tout le monde était d'accord pour reconnaître que la vieille vénerie française avait rendu d'immenses services en préparant les voies à sa cadette, et qu'il est d'ailleurs d'usage d'entourer de soins et d'égards les gens qui vont mourir, on accueillit avec faveur une proposition du comte Alexandre de Vitry, chaudement appuyé en cette circonstance par le marquis d'Espeuilles, laquelle consistait à organiser un grand *festival cynégétique* dans lequel figureraient toutes les meutes composées des anciennes races du pays qui se trouvaient aux environs du château de la Montagne. Les convocations furent rédigées sur le champ et expédiées le jour même à qui de droit. On avait en perspective encore une journée de jouissances émouvantes, et on voulait la retarder le moins possible.

On était à la fin de novembre, et depuis longtemps les gardes de ce marquis de Carabas qu'on appelait par courtoisie le marquis d'Aligre, avaient connaissance d'un louvard resté seul d'une portée de louveteaux qui avait été prise dans le courant de juillet. Le drôle s'était *gobergé* pendant quatre mois des parts destinées à ses frères par la prévoyance maternelle, et cette bonne aubaine en avait fait un prodige de taille, de force, de ruse et de hardiesse. Il commençait déjà à secouer le joug de la surveillance de sa mère, et s'aventurait parfois jusqu'à plusieurs lieues des fourrés tutélaires qui avaient abrité son berceau. On jugea que rien ne pouvait être plus intelligent que de faire entrer ce jeune bandit dans le programme du *festival cynégétique*, et en son honneur on fixa le rendez-vous aux loges de Montaron, près des Champs-Pommery, où il faisait le plus habituellement sa demeure. On arrêta en outre que les meilleurs valets de limiers des meutes réunies feraient le bois dans les cantons où l'on était le plus sûr de le rencontrer.

Au jour dit, ces hommes se trouvèrent au nombre de cinq sur le terrain, et la tradition a conservé soigneusement leurs noms que voici :

1° Chopelin, au comte César de Moreton, ayant pour limier l'illustre Réveillo;

2° Guinjard, au marquis d'Espeuilles, avec Satanas;

3° La Rosée, à MM. de Pracomtal, limier inconnu;

4° Robert, au marquis de La Ferté; limier également inconnu;

5° Michel, à M. Ernest Jourdan; il avait à son trait Galandor.

Michel était un garçon de dix-huit au plus; mais,

formé de bonne heure à l'école du jeune sportman morvandeau, il avait déjà toute l'expérience d'un vieux routier de vénerie.

Quant à Galandor, très-beau chien issu de l'excellente race de MM. Massin, il était aussi à la fleur de l'âge, et cependant les connaisseurs le regardaient comme destiné à devenir le digne émule des Réveillo et des Satanas, avec lesquels il allait marcher de pair pour la première fois.

J'ai dit que le rendez-vous avait été indiqué aux loges de Montaron. La réunion était pour dix heures, et aucune des personnes présentes n'y fit défaut.

Ce fut en vérité un admirable spectacle que celui qu'offrit sur un même point le rassemblement de cinq meutes bien distinctes par les formes des individus qui les composaient, mais bien semblables par les qualités. Elles formaient ensemble une masse énorme de quatre-vingt-dix chiens, groupés par meute sur une vaste pelouse qui sépare les bois de l'État de ceux du marquis d'Aligre, aujourd'hui à sa fille Mme la marquise de Pommereu.

Chaque équipage était tenu sous le fouet de ses valets de limiers respectifs, les piqueurs n'étant pas encore revenus de leur quête.

On voyait au premier plan les vingt-cinq chiens du marquis d'Espeuilles, magnifiques anglo-normands, au manteau noir tacheté de fauve vers les flancs, au poil luisant comme l'ébène poli, et au rein large, un peu arqué.

A droite de ce premier groupe se tenaient vingt chiens tous pareils sous leur robe blanche au tissu ébouriffé et rude. Nés sur le sol de la Vendée et vieux habitués du loup, ils avaient été préparés avec soin pour le *festival*, par Robert, du marquis de La Ferté.

A gauche apparaissait la phalange bigarrée du marquis de Pracomtal. Les vingt-cinq vétérans qui la composaient étaient de toutes les tailles, de toutes les races et de tous les pelages, mais on savait qu'ils avaient fait leurs preuves, et ils devaient être conduits au champ d'honneur par le vieux la Rosée, devenu le Nestor des piqueurs du Nivernais, depuis que Charrier ne faisait plus parler de lui.

Un peu en arrière de ces trois équipages, deux meutes moins nombreuses semblent s'être mises modestement à l'écart.

L'une est de sept chiens seulement, car Réveillo, son limier, est encore au bois. Son compagnon de gloire et de renommée, le vieux Met-à-mort, n'a pas été couplé, et pourtant il se tient immobile et couché en rond à côté de l'un des valets de chiens. On pourrait croire qu'il a la conscience de sa vieillesse, et qu'au moment de l'action il veuille consacrer au repos les instants qui la précèdent, afin de se montrer encore digne de son nom. Ces sept chiens sont l'élite de l'équipage du comte César de Moreton. Leur poil est ras, mélangé de noir et de blanc, ce qui leur donne un reflet bleuâtre très-original. Des taches de feu s'étendent à droite et à gauche du front au-dessus de l'arcade sourcillière. Ces héros de cent combats paraissent animés de cette sombre ardeur que les vieux soldats éprouvent toujours au moment d'une bataille.

L'autre petite meute est de dix chiens. La moitié est blanc orangé, le reste fauve clair à poil dur. Tous sont de taille moyenne, mais trapus, bien musclés et très-évidemment vigoureux. Ils semblent dévorés d'une impatience extrême, et l'homme qui est placé à leur tête a de la peine à les maintenir sous le fouet. C'est qu'en avant du groupe des veneurs qui s'approchent, ils ont reconnu leur maître M. Ernest Jourdan du Mazot, et que ce maître-là est pour eux ce que César était pour ses légions. Jamais il ne les abandonne dans le péril; jamais non plus il n'en laisse un seul coucher au bois; c'est sa voix vibrante qui les ranime; c'est son œil perçant qui retrouve la trace refroidie de l'animal forlongé; c'est son coup de fusil infaillible qui couronne leurs efforts et le ton puissant de sa trompe qui leur annonce la victoire. Aussi est-ce toujours lui que leurs regards cherchent et suivent dans les ressemblements nombreux.

Enfin les valets de limiers s'avancent au rapport. Ils sont graves et recueillis comme tous les hommes dont le sein renferme un mystère qui va s'éclaircir.

Guinjard a connaissance de la louve. Il la trouve marchant vers les bois de Fours.

La Rosée a le grand loup. Il en fait suite sur Montambert; la voie est de bon temps, mais il ne le rembuche pas.

Robert l'a rencontré aussi dans sa quête plus éloignée; il s'en allait toujours fuyant, comme s'il avait éventé les veneurs et les chiens réunis aux loges.

Quant à Chopelin et à Michel, qui avaient pris, la veille au soir, les instructions de M. Ernest Jourdan, ils ont remis le louvard qui figure au programme près du petit étang des Champs-Pommery. Seulement, — dit le premier, — il y a dans l'enceinte une trace toute fraîche de chevreuil et deux *bêtes de compagnie*. Pour assurer l'attaque, il ne faudrait découpler d'abord que trois chiens sûrs.

Chopelin [1] était un enfant du Charollais, grand, svelte, et fidèle à la veste courte et ronde de velours gros bleu, costume habituel des habitants de son pays. Il avait conservé dans l'état de piqueur, si fatal, il faut bien en convenir, aux vertus primitives, toutes les qualités qu'il avait apportées en venant au

1. C'est le même que j'ai nommé dans un de mes précédents articles.

monde, c'est-à-dire la tempérance, la simplicité de cœur et l'aménité de caractère. Le timbre de sa voix, doux et élevé comme l'organe d'un soprano, avait un charme très-rare chez les hommes de sa profession. Aussi, toute l'assistance s'était-elle fait un devoir de prêter une oreille attentive au récit de sa quête, qu'il avait débité tout en mangeant sur le pouce un petit fromage de chèvre, rustique produit du Brionnais, dont il se munissait toujours pour les vendredis.

En cherchant de son côté, il avait rencontré Michel, que Galandor venait justement de conduire tout droit à une coulée où le louvard s'était promené à plusieurs reprises dans tous les sens. Les deux piqueurs, également incapables de jalousie, s'étaient alors mis d'accord pour achever la besogne, à laquelle avait aussi participé Réveillo. Chopelin, après avoir donné tous ces détails en termes modestes, ajouta que son collègue et lui étaient en mesure d'indiquer le point juste où devait reposer le louvard à cette heure, si rien ne l'avait troublé pendant son sommeil.

Il revint encore, en terminant, sur la nécessité de ne donner à l'attaque qu'un petit nombre de chiens très-fermes dans la voie du loup.

L'assistance fut unanime pour déclarer que cet honneur revenait de droit aux deux vétérans du comte de Moreton, Réveillo et Met-à-mort, qui passaient avec raison pour infaillibles dans toutes les circonstances analogues à celle où l'on se trouvait. Mais, sur la juste réclamation de M. Ernest Jourdan, il fut aussi décidé qu'on adjoindrait aux deux doyens d'âge le jeune et sage Galandor, à qui, d'ailleurs, cette récompense était bien due pour avoir rencontré le premier la voie de l'animal souhaité.

On plaça les meutes, réunies en une seule masse compacte sur le chemin de Fours, que devait nécessairement traverser le louvard aussitôt qu'il aurait été mis sur pied, et il fut convenu qu'on découplerait *tout* dès que le lancer serait bien constaté au moyen de la vue par corps du jeune bandit.

Au moment où tous les veneurs se séparaient pour aller se mettre en observation sur les différents points de l'enceinte, les chiens de M. Jourdan du Mazot, moins disciplinés que leurs compagnons rangés sous le fouet des piqueurs, *se sauvèrent en avant,* suivant la belle expression du poëte Sedlitz, et s'élancèrent, sur les pas de leur maître, dans un sentier couvert qui menait droit à la brisée.

Bientôt on entendit les aboiements clairs et redoublés de Galandor, qui, le premier avait empaumé la voie avec l'entrain d'un chien jeune et ardent. Réveillo et Met-à-mort ne tardèrent pas à faire chorus, et au bout de quelques minutes le concert toujours animé de ces trois voix dignes de confiance annonça que le louvard était sur pied. Mais le hardi

16

compère, prenant d'abord peu de souci de cette attaque qui n'était ni très-bruyante, ni très-rapide, ne fit que tourner, loin du point où les gros bataillons étaient postés, autour de l'étang qui l'avait abreuvé tant de fois à son retour de la maraude, et dont il paraissait ne pas vouloir s'éloigner encore. Cette chasse à trois chiens, alors que quatre meutes frémissantes attendaient qu'on les découplât, était loin de répondre aux espérances des vingt chasseurs dispersés dans les routes du voisinage. Tout commençait donc à languir, lorsque la voix ralliante d'un chien qui ne s'était pas fait entendre encore retentit comme dans *un à vue*. Elle est le signal d'un tonnerre de hurlements qui se confondent avec elle. Ce sont les **dix chiens de M. Ernest Jourdan**, qu'il vient de donner lui-même avec l'admirable à propos qui distingue toutes ses actions à la chasse. Le louvard, surpris par ce bruit formidable, perce un instant devant lui, revient encore à l'étang, qu'il traverse encore à sa pointe, et enfin se décide à sauter le chemin de Fours.

Là on découple les quatre meutes sur sa piste encore fumante, et pas un chien ne songe à s'ébaudir sur une autre voie.

Alors commence une de ces grandes scènes de la vieille vénerie française, telles qu'on devait en voir au temps de Gaston Phœbus, quand les grands seigneurs entretenaient des équipages auxquels il fallait des villes pour chenils. Un roulement incessant de cris variés remplit la forêt et se propage au loin par la brise et les échos. Le louvard, comme on s'y attendait, est vigoureux, mais, ignorant encore des ruses que l'âge et la nécessité enseignent à ses semblables plus avancés dans la vie, il se fait chasser comme un lièvre. Les *à vue* se renouvellent donc à chaque instant, et alors éclatent, au milieu de la symphonie émouvante et continue des chiens, des *tutti* de cris aigus de l'effet le plus entraînant. Les *bien-aller* se succèdent aussi sans interruption sur tout le parcours de cette chasse à nulle autre pareille, et l'on peut reconnaître ceux qui les sonnent. Ici, c'est le marquis de La Ferté et le comte Rostaing de Pracomtal qui sèment dans l'espace les notes légères de leurs trompes aristocratiques. Là, c'est M. Ernest Jourdan et Racot qui font frissonner de plaisir les vieilles futaies sous les voûtes desquelles résonnent leurs robustes fanfares, dont les accords nourris rappellent la méthode du Nestor Charrier. Chacun se hâte pour gagner la tête des équipages, afin de voir les mieux *faisants*, comme au temps des passes d'armes et des tournois de l'ancienne chevalerie. Jamais les forêts du Morvan n'avaient été témoins d'une scène aussi grandiose.

Les veneurs qui ont pu gagner les devants, remarquent, toujours le premier et toujours criant de sa voix claire comme le timbre d'une cloche d'argent, un petit chien fauve à long poil dont les mouvements sont si prestes et la menée si peu hésitante, qu'il semble qu'un fil invisible l'attache à la piste du louvard.

C'est Blondino, l'honneur de la meute de M. Jourdan du Mazot.

Derrière lui, ses nombreux compagnons n'ont qu'à courir sur ses traces, car il fait à lui seul toute la besogne sans que son train en soit ralenti.

Cependant le louvard marche rondement, en digne fils unique qui a bien profité des soins paternels. Il est déjà loin du lancer, puisqu'il a pris son parti vers les Bessais, et néanmoins on ne s'aperçoit pas encore que ses forces commencent à diminuer. Ainsi les organisateurs du grand *festival cynégétique* ne seront pas trompés dans leur attente : la défense sera digne de l'attaque.

Un peu plus tard dans la matinée, l'animal s'engage dans une suite de prairies humides et basses, où les chiens le prennent de nouveau à vue, et cette fois pour longtemps. L'ardeur des cavaliers s'augmente de cette circonstance toujours heureuse à la chasse ; ils ne veulent rien perdre du spectacle, et les voilà aussi dans les prairies. Une petite jument grise est à leur tête : c'est la remplaçante de Gaudriole. Quoique son allure soit rapide et soutenue, on voit, à ses naseaux largement ouverts et à ses oreilles portées en avant, que l'intelligente bête a l'instinct de quelque danger et qu'elle manœuvre pour l'éviter. Effectivement ces prairies sont parsemées de fondrières appelées *mortes* dans le pays, gouffres perfides, qu'une mousse verdoyante dissimule aux regards inexpérimentés. Deux morvandeaux se tiennent obstinément derrière la petite jument grise. Eux aussi ils ont deviné le péril et ils veulent s'en préserver. Mais voici venir sur leurs traces un intrépide et fier alezan dont le cœur est inaccessible à cette demi-peur qu'on nomme la prudence. D'un bond il a franchi la haie qui sépare la forêt des prairies, et il s'élance de toute sa vitesse pour devancer les sages morvandeaux. Comme l'irlandais du chemin creux de Saint-Firmin, c'est aussi le comte de Champlâtreux qu'il porte sur son rein vigoureux. « *Gare aux mortes !* » crient d'une voix retentissante au comte les trois chasseurs du pays, qui, en ce moment, rejoignaient les chiens. Mais le cavalier ne croit pas plus aux obstacles que sa monture, et ils vont toujours droit devant eux, l'un portant l'autre, jusqu'au moment où, le décevant tapis vert s'entrouvrant sous leurs pas, ils disparaissent ensemble, ne laissant hors du sol que l'encolure du cheval et le buste du téméraire sportman.

La *morte*, heureusement, n'est pas comme *l'avare Achéron qui ne lâche jamais sa proie*. Le comte et son alezan se tirèrent séparément d'affaire comme ils purent, et quand le premier se fut remis en selle, ils reprirent leur course sans avoir rien perdu de leur entrain; seulement ils étaient tous deux de la même nuance jaune terre de pipe.

Pendant que ceci se passait, le louvard continuait son héroïque défense, mais on pouvait prévoir qu'elle ne serait plus de bien longue durée. Quoique ses allures fussent toujours franches, les chiens de tête commençaient déjà à le serrer de près, et lui-même semblait avoir le pressentiment de sa fin prochaine, car il cherchait à regagner son lancer, ce qui est un signe certain d'inquiétude chez tous les jeunes animaux chassés. Lorsque ce retour au giron maternel fut à peu près sûr, les veneurs se dirigèrent de nouveau vers la route de Fours, afin de saluer la victime au passage de la joyeuse fanfare de l'hallali sur pied. Par malheur, la même pensée était venue à plusieurs gardes des environs, tous braconniers incorrigibles, ne sachant que tuer et préférant à la musique délicieuse des chiens le bruit sourd de leur mauvaise arme. L'un d'eux, plus avisé que les autres, s'était posté dans une clairière à laquelle le louvard venait tout droit, et sans doute il eût mis fin à l'admirable concert qui durait depuis quatre heures sans interruption, si un des veneurs n'eût arrêté à temps le bras de l'assassin. Ce veneur était Jules Perret, l'ennemi juré de tous les tireurs, l'heureux convié aux chasses à courre de tous les pays, l'ordonnateur préféré de tous les déplacements homériques du marquis de Mac-Mahon. Dès le matin, Jules Perret avait deviné la criminelle pensée de tous ces hommes armées d'un méchant fusil, et chaque fois qu'il en rencontrait un, il lui criait : « *Surtout, ne tirez pas!* » C'était comme le *chut* du *dilettante* qui craint d'être troublé au milieu des extases que lui cause un chœur chanté par de belles voix. Mais Perret ne pouvait être partout à la fois ni surveiller tout le monde, de sorte que le malheur prévu ne put être empêché. Au moment où la musique des quatre-vingt-dix chiens redoublait de puissance et d'éclat, et comme le louvard rassemblait ses forces pour succomber avec honneur, une sinistre détonation se fait entendre et jette le trouble dans toutes les âmes. « *Ah! on a tué mon loup!* — s'écria Jules Perret. — *Quel est le misérable qui a fait le coup?* »

Le louvard était bien mort, et le misérable qui lui avait infligé cette fin ignoble à la place du glorieux destin qui l'attendait était un garde nommé Daviot.

Le lecteur n'aura pas de peine à croire que ce malencontreux trouble-fête ne jouit pas beaucoup de son triomphe. Ce qui lui fut distribué d'épithètes outrageantes remplirait une bien grande page, et pendant longtemps la qualification bien méritée de *crétin* dut bourdonner à ses oreilles.

Malgré ce *douloureux* dénoûment, toute l'assistance déclara à l'unanimité que la journée avait tenu ses plus séduisantes promesses, et il n'y eut également qu'une voix pour reconnaître que la société *A moi, Morvan!* ne pouvait avoir une fin plus digne d'elle.

VII

**M. ÉDOUARD DE CHARGÈRE, LA TAUPE,
M. DE SOMMERY.**

Cette belle chasse de louvard, qui venait de mettre en relief tous les charmes et tous les mérites de la vieille vénerie française, allait pourtant consommer sans retour l'infidélité des principaux membres de la société *A moi Morvan!* infidélité déjà décidée en principe le jour où l'équipage anglais du marquis de Mac-Mahon avait forcé un grand et robuste sanglier en quelques heures. Mais il en est des systèmes abandonnés comme des dynasties qui, passent du trône dans l'exil, c'est-à-dire que longtemps encore les uns et les autres conservent leurs partisans obstinés et leurs cœurs dévoués qui espèrent contre toute espérance. Ce fut aussi ce qui arriva en Nivernais, après les deux chasses mémorables que j'ai racontées. Le grand nombre céda à l'attrait corrupteur de la nouveauté, mais le passé eut encore ses fidèles, et les antiques préceptes des Dufouilloux, des la Contrie, des d'Yauville et de tant d'autres maîtres chers à la mémoire des véritables veneurs, ne tombèrent pas complétement dans l'oubli.

Parmi les hommes de foi qui restèrent fermement attachés au culte des anciennes traditions, il faut compter MM. de Chargère, trois frères qui, après avoir porté l'épée et gagné la croix des braves sur les champs de batailles de l'Algérie, s'étaient consacrés à la grande vie rustique, comme les guerriers de l'ancienne Rome. Issus d'une noble famille du Charollais, cette province où, de tout temps, les gentilshommes ont eu de bonne heure la trompe sur l'épaule et le couteau de chasse collé à la cuisse, les trois frères avaient dans les veines du sang le plus pur de veneur. Avant la révolution, le marquis de Chargère, leur père, se livrait exclusivement à son goût pour la chasse, dans ses grandes possessions de la province que je viens de nommer, et cette passion s'était transmise ardente et vivace aux aînés de ses enfants, MM. Édouard, Hippolyte et Victor.

Le premier, auquel était échu en partage le château du Plessis, vieux manoir pittoresque qui domine une riante vallée arrosée par l'Halène, partageait, à l'époque dont je parle, tous ses loisirs entre les travaux sérieux et attachants de l'agriculture et les plaisirs enivrants de la chasse. Chez lui, ces deux goûts marchaient de front sans se heurter, et il savait en quelque sorte les satisfaire à la fois. Personne n'entrait mieux que lui dans tous les détails dont l'étude et la stricte observation constituent le veneur consommé. Il avait une excellente race de chiens dits bleus. Ils étaient à poil ras, élevés de taille, hurleurs comme les anciens normands, et aussi légers que les poitevins d'illustre origine. Cette race était maintenue dans sa pureté primitive par des croisements judicieux et des alliances toujours longuement méditées. M. Édouard de Chargère n'acceptait pour ses lices que des maris qui avaient fait leurs preuves de vaillance sous ses yeux.

Veneur sans aucune espèce de prétention, M. de Chargère n'excluait aucun animal de ses *déduits* presque quotidiens. Le premier dont la voie s'offrait à ses chiens dans des conditions satisfaisantes lui paraissait digne de sa poursuite et de la leur, car il lui suffisait, pour être parfaitement heureux, d'entendre les douze voix harmonieuses de son petit équipage. Son habitation, qui tient d'un côté à de grandes masses de bois, tandis que de l'autre elle est à demi entourée d'un riant paysage entrecoupé de petites vallées et de collines couvertes de genêts, son habitation, dis-je, semblait faite exprès pour un homme décidé à découpler tous les jours, avec la certitude de lancer quelque chose. Ayant pour auxiliaire une meute qui, de même que lui, avait le bon esprit de ne rien dédaigner, et vivant dans un pays tel que celui que je viens de décrire en quelques lignes, les humiliations du buisson creux et les *affres* de la bredouille lui étaient complétement inconnues. Ses chasses au lièvre, pendant les douces et calmes matinées des beaux mois de l'automne, méritent particulièrement d'être citées. C'était alors que l'équipage déployait toutes ses qualités, et que le maître faisait preuve de science et de vigueur tout à la fois. A quelque moment que ce fût, on pouvait l'apercevoir au milieu de ses chiens, ici les aidant à relever un défaut, là leur faisant honte de la velléité fugitive d'un change, tantôt leur parlant à voix basse pour les calmer, tantôt les excitant par des cris aigus d'une portée extraordinaire, et toujours les trouvant confiants et dociles. Dans ces moments là, M. de Chargère paraissait le plus heureux des hommes. Son front rayonnait, son regard étincelait, un large sourire s'épanouissait sur sa bouche énergique et franche : c'était, dans toute la force du terme, le veneur transfiguré par l'ivresse de la passion.

Mes lecteurs n'auront pas de peine à comprendre qu'un homme qui prenait tant de joie et mettait tant d'ardeur à la poursuite d'un *simple* lièvre, devait éprouver des jouissances bien plus vives encore lorsque le hasard lui envoyait des bonnes fortunes moins vulgaires. Ainsi, par exemple, quand le garde rencontrait dans une de ses tournées la voie d'un sanglier ou la trace d'un loup, M. Édouard de Chargère était presque fou de bonheur, et il ne négligeait rien de ce qu'il fallait faire pour obtenir une connaissance parfaite de l'animal signalé. Dès l'aube du lendemain, Lumino, le chef de tête pour le lièvre, se trouvait transformé comme par enchantement en limier de premier ordre, et grâce à lui le bois était fait de la façon la plus sûre. Ces jours-là, les domestiques du manoir, tous excellents tireurs comme le maître, étaient de la partie, et les compagnons de Lumino, avertis par le départ de ce dernier qu'ils allaient avoir à chasser un animal d'importance, manifestaient par des cris incessants une ardeur bien plus grande que de coutume, longtemps avant leur sortie du chenil. A ce signal, une petite jument morvandelle relevait la tête, dressait les oreilles et répondait par des hennissements d'impatience aux joyeux hurlements *de ses amis les bleus*. Cette intelligente bête était la Taupe, monture habituelle de M. Édouard de Chargère dans toutes les occasions où il s'agissait de quelque chose de plus grave que de chercher un innocent lièvre dans les genêts ou un rusé renard dans les épais taillis dispersés aux alentours des domaines. Dressée comme un cheval savant de l'hippodrome, la Taupe eût marché vingt-quatre heures au milieu des chiens sans jamais en blesser un seul. Si son maître s'arrêtait dans un poste, au mouvement qu'il faisait pour dégager sa carabine, elle devinait ce qui allait se passer, et à l'instant même, elle devenait aussi immobile que le vieux chêne qui se dressait à quelques pas d'elle, ou que la borne enfoncée dans le sol à l'angle du bois ; puis, après la détonation simple ou double, elle restait impassible comme le cheval de guerre qui a dix campagnes sur ses états de service. M. de Chargère a chassé avec elle pendant dix-huit ans. Souvent elle était en action douze et quinze heures de suite, et pendant ce long et rude exercice, elle se contentait pour attendre le repas du soir, de grignotter quelques menues branches de taillis, durant les rares intervalles où son maître la tenait *aux écoutes*. Jamais ses jambes de fer ne firent un seul faux pas dans les sentiers difficiles du Morvan ; jamais non plus une journée de maladie ne rendit nécessaire le recours à un autre cheval. Quand arriva pour la Taupe la vieillesse, toujours si rapide pour les bêtes de son espèce condamnées à un si pénible service, ses membres étaient encore sains et sa respiration aussi égale que dans le plus beau temps de sa jeunesse. Seulement, ses dents considérablement allongées l'empêchaient de prendre une nourriture suffisante, et il avait fallu bon gré mal gré lui donner les invalides alors qu'elle eût pu continuer encore son utile et glorieuse carrière. Mais, toujours passionnée pour la chasse, il lui arrivait souvent de franchir d'un bond la clôture du pré que la reconnaissance de son maître lui avait accordé pour retraite, et elle galopait tout le jour en liberté au milieu des chiens qui couraient à la suite d'un lièvre ou d'un renard sur les collines du voisinage. Fin de carrière plus belle assurément que celle de bien des chevaux de course qui ont expié leurs rapides jours de gloire au timon d'un ignoble fiacre.

Fidèle aux vieilles traditions de son pays et de sa famille, M. Édouard de Chargère mettait un soin religieux à célébrer la fête du saint patron des chasseurs. Le 2 novembre de chaque année, l'antique manoir du Plessis était donc invariablement le rendez-vous de tous les veneurs de la contrée. On y voyait figurer en première ligne les anciens sociétaires de : *A moi Morvan!* qui n'avaient pas voulu sacrifier au dieu nouveau. Ces croyants de la petite église cynégétique du Nivernais ne négligeaient pas une si bonne occasion de faire de la propagande pour leur système auprès des jeunes gens qu'attirait toujours cette solennité annuelle. Leurs conseils étaient accueillis avec respect; leurs récits écoutés dans le silence d'un profond recueillement; on les consultait sur la meilleure manière de créer une bonne race de chiens et de former une meute semblable à celles avec lesquelles ils avaient accompli les prouesses de leur bel âge. C'est ainsi que le vieux *jacobisme* de la chasse se transmettait à une génération nouvelle, et qu'il a pu se perpétuer jusqu'à nos jours dans le Morvan, où il est encore en honneur, comme on le verra dans la suite de ces études.

Parmi ces doctes *demeurants* du passé qui se réunissaient chaque automne au château du Plessis, le mieux écouté était sans contredit M. de Sommery, garde général des eaux et forêts de l'arrondissement dont faisait partie l'habitation de M. Édouard de Chargère. M. de Sommery joignait aux connaissances les plus complètes de l'administrateur la science approfondie et la pratique d'un veneur de premier ordre. La carrière à laquelle il s'était consacré dès sa jeunesse l'ayant mis à même de chasser partout et toujours, il avait pu acquérir ces précieuses notions qui échappent forcément aux hommes de chasse les plus observateurs que la destinée a placés dans des conditions moins avantageuses. Il savait de la grande et de la petite vénerie non-seulement tout ce qu'on en peut apprendre, mais encore tout ce qu'il est possible d'en deviner au moyen d'un esprit juste et pénétrant. C'était un *maître* dans toute la force de l'expression.

M. de Sommery était venu de la résidence qu'il avait quittée pour occuper le poste de Château-Chinon, en compagnie de quatre chiens tels que l'on n'en avait jamais vu dans le Morvan, où tant de belles meutes s'étaient successivement organisées depuis la révolution. La plus remarquable individualité de ce quatuor de musiciens à quatre pattes était, pour le pelage et les formes, en contradiction manifeste avec toutes les races d'un ordre certain et connu. Plus haut de taille que les plus grands normands, il avait la robe brun foncé et le poil soyeux et long des épagneuls d'élite. Cependant, ses longues oreilles attachées en tire-bouchon repoussaient l'idée de toute intervention d'un chien d'arrêt dans sa généalogie. Il rapprochait merveilleusement bien tout gibier, comme l'excellente petite meute du châtelain du Plessis, et dans sa menée aussi droite que rapide il tenait toujours la tête de ses concurrents, si nombreux et si vites qu'ils fussent. M. de Sommery conservait soigneusement cette race sans la vouloir mélanger du sang d'aucune autre, et elle formait un contraste bizarre au milieu des trois ou quatre équipages d'espèces différentes qui chassaient le plus habituellement avec elle. A cette occasion, un habitué des Saint-Hubert du Plessis faisait remarquer avec raison que le Nivernais est un des pays de

France où il existe le plus de variété dans les chiens courants, et que c'est là aussi où ils sont le plus généralement doués de toutes les qualités essentielles qu'on leur demande. Il est certain qu'à l'époque dont je parle il eût fallu parcourir bien des provinces pour rencontrer une phalange de quarante à cinquante chiens, composant plusieurs petits équipages, chassant d'une façon aussi supérieure lièvre, chevreuil, sanglier et loup, que le faisaient les meutes réunies des fidèles compagnons de M. Édouard de Chargère.

Lorsqu'on s'occupa de réorganiser la grande vénerie comme elle l'était sous les Bourbons de la branche aînée, M. de Sommery, appelé à la résidence de Compiègne, fut chargé de cette tâche, dont il était digne à tous égards. Il a su l'accomplir, bien qu'il n'ait joui que pendant deux années de sa nouvelle position. C'est la mort qui a interrompu sa carrière, car il était de ces hommes qui ne perdent jamais autrement les situations qu'ils doivent à leur mérite.

M. de Chargère, lui aussi, termina dignement son existence de veneur, bien qu'il ne chassât plus avec autant de suite et d'ardeur après le départ de M. de Sommery pour Compiègne. Plus tard, le vaillant sportman fut atteint de rhumatismes, comme la plupart des hommes de chasse qui n'ont jamais songé à se ménager, et il fallut prendre tout de bon sa retraite. Il devint alors maire de sa commune ; mais dans ces modestes fonctions il trouva encore le secret de déployer l'énergie de son caractère et de montrer la bonté de son cœur, car on était dans les mauvais jours qui suivirent les insurrections de 1851 dans une partie du Nivernais. Il imposa au socialisme par sa fermeté de vieux soldat qui avait affronté souvent les balles des Bédouins, et il acheva de le vaincre à force de bienfaisance. Il n'y a que les anciens chasseurs pour bien remplir de semblables missions.

FIN.

TABLE.

Avant-propos.. 1
M. Marey-Gassendi et son piqueur la Plume............. 5
Le capitaine Prevost.. 27
Les veneurs du Charollais..................................... 57
Olla podrida.. 173
Les veneurs du Nivernais..................................... 197

FIN DE LA TABLE.

www.ingramcontent.com/pod-product-compliance
Lightning Source LLC
Chambersburg PA
CBHW071132160426
43196CB00011B/1872